नद

nada

Karin Jundt

Unsere innere Welt

Sonnwandeln Band IV
Buchreihe für spirituelle Entwicklung
und Selbstveränderung

nada　　　　Reihe Wegweiser

Bibliografische Information der Deutschen Nationalbibliothek:
Die Deutsche Nationalbibliothek verzeichnet diese Publikation in der
Deutschen Nationalbibliografie; detaillierte bibliografische Daten sind
im Internet über http://dnb.d-nb.de abrufbar.

Herstellung: Books on Demand GmbH, Norderstedt
Printed in Germany

ISBN 978-3-907091-14-2

Für Emil (✝ 2017),
in dankbarem Gedenken.
Er war mir ein einfühlsamer,
liebenswerter, stets heiterer
spiritueller Lehrer, Freund
und Gefährte auf dem Weg.
Sein plötzlicher früher Tod
ist ein unsäglicher Verlust.

Inhaltsverzeichnis

Das einzig lebenswerte Abenteuer
kann für den modernen Menschen
nur noch innen zu finden sein.

C.G. Jung

Einleitung

In diesem Band der Sonnwandeln-Reihe befasse ich mich mit unserem Inneren und vor allem mit den verschiedenen Ausprägungen des Ego. Deshalb hatte ich ihn, mit einem Schmunzeln, meinem Ego gewidmet, das mich immer wieder überlistet und mir Steine in den Weg legt, mich dadurch aber auch antreibt, an mir zu arbeiten und voranzukommen, und mit dem ich nunmehr friedlich zusammenlebe.

In der Schlussphase des Schreibens und Überarbeitens ereilte mich dann die Nachricht über den plötzlichen, völlig unerwarteten Tod meines spirituellen Weggefährten Emil, mit dem mich seit Jahrzehnten eine intensive Freundschaft verband. Mit seiner Seele immer noch verbindet. Spontan habe ich die Widmung geändert.

Tagelang war ich tief erschüttert und wie gelähmt – und wusste dabei wohl, dass es nur mein Ego ist, das trauert und sich grämt. Und doch schaffte ich es eine ganze Weile nicht, diesen lethargischen Zustand abzuschütteln. Dass ein Teil von mir es gar nicht wollte, war mir ebenfalls bewusst. Wie gerne halten wir uns doch in solchen äußeren Befindlichkeiten auf, anstatt uns auf das Licht und die Glückseligkeit der Seele zu besinnen... Wie sehr liebt das Ego doch das Drama des Lebens! Traurig, fröhlich, egal, Hauptsache kein Gleichmut.

„Wenn etwas geschehen soll, setzt das Göttliche (oder das Schicksal, höhere Mächte, wie man es nennen will) alles in Bewegung, damit es geschieht." So oder ähnlich habe ich diese Erkenntnis, die mir vor langer Zeit geschenkt wurde, schon oft geschrieben oder gesagt. Die Geschichte, wie ich Emil kennenlernte, ist ein eindrückliches Beispiel dafür. Deshalb erzähle ich sie in diesem Vorwort.

Es war Anfang der Achtzigerjahre, als ich mit meinem Partner zusammen eine kleine Dienstleistungsfirma betrieb. Eines Tages rief Paul uns an, um uns einen Auftrag zu erteilen. Wir selbst kannten ihn nur flüchtig, aber bei gemeinsamen Bekannten hatte er keinen guten Ruf, sie hielten ihn für unaufrichtig, ja hinterhältig und boshaft. Mir gefiel er intuitiv nicht. Obwohl wir in dieser Anfangszeit um

→ Name geändert

11

jeden neuen Kunden froh und auf jeden Auftrag angewiesen waren, stimmten mein Partner und ich überein, auf die Zusammenarbeit mit Paul zu verzichten. Da es jedoch keinen sachlichen Grund dafür gab, konnten wir es ihm nicht klar und direkt mitteilen. Wir beschlossen, uns mit dem Angebot Zeit zu lassen, bis er das Warten satt hätte und sich nach einem anderen Lieferanten umsehen würde. Doch er rief immer wieder an und ermahnte uns und legte eine unglaubliche Geduld an den Tag. Schließlich fiel uns keine Ausrede mehr ein, um ihn weiterhin zu vertrösten. Also setzten wir in unserem Angebot horrend hohe Preise ein und waren sicher, er würde absagen. Zu unserem maßlosen Erstaunen akzeptierte er hingegen die Offerte, kommentarlos und ohne zu verhandeln. So arbeiteten wir also für ihn und trösteten uns damit, wenigstens außerordentlich gut daran zu verdienen.

Schon nach kurzer Zeit teilte er uns mit, er habe sein Unternehmen verkauft und es liege nun am neuen Besitzer, ob er die Zusammenarbeit mit uns fortsetzen wolle. Es war Emil! Wir verstanden uns auf der menschlichen Ebene sofort wunderbar und natürlich senkten wir unsere hohen Preise augenblicklich.

Die Geschäftsbeziehung währte bereits mehrere Jahre, in denen wir immer wieder bereichernde Gespräche führten, als mein Partner tödlich erkrankte. In meiner Verzweiflung wandte ich mich an Emil, denn er war neben seiner geschäftlichen Tätigkeit auch ein spiritueller Therapeut. Er stand meinem Partner in seinen letzten Tagen kraftvoll zur Seite. Nach seinem Tod war er meine erste und wichtigste Stütze. Ich war – und bin es noch – unendlich dankbar, ihn kennengelernt zu haben, und staune nach wie vor, wie unausweichlich über all meinen Widerstand hinweg unsere Begegnung vom Göttlichen arrangiert wurde.

Diese Geschichte hätte für mein Empfinden zwar besser in den ersten Band der Sonnwandeln-Reihe gepasst, in dem ich unter anderem auch das Thema „Zufall und Schicksal" behandle. Doch ich bin sicher: Es ist kein Zufall, dass Emil gerade jetzt von mir gegangen ist und ich deshalb in *diesem* Buch darüber schreibe. Es hat einen Sinn, für mich, aber auch für alle Leser.

Nach dieser bereits langen Einleitung erläutere ich nur nochmals kurz das Wichtigste zu dieser Buchreihe für die Leser, welche die vorangehenden Bände nicht kennen.

Vor gut zehn Jahren begann ich, *Sonnwandeln* zu schreiben, eine Schriftenreihe für spirituelle Entwicklung im Alltag. Es entstanden schließlich dreißig thematische Ausgaben, insgesamt über 600 Seiten. Den Namen *Sonnwandeln* wählte ich seinerzeit in der doppelten Bedeutung von *„auf dem sonnigen Lebensweg wandeln"* und *„sich zu einem sonnigen Gemüt wandeln"*.

Diese Schriftenreihe, die es nur in elektronischer Form gab, forme ich jetzt nach und nach in gedruckte Bücher um und revidiere sie bei dieser Gelegenheit gründlich. Jedes Kapitel entspricht einer Ausgabe der früheren elektronischen Schriftenreihe und weist die gleiche Struktur auf: „Einführende Gedanken" stellt eine Einleitung ins Thema dar und wirft auch Fragen auf, die ich dann in den weiteren Rubriken „Vertiefende Aspekte" und „Fragen & Antworten" konkret und alltagsbezogen behandle. Zu jedem Thema gibt es eine Aufgabe für die innere Entwicklung, ergänzt durch Vorschläge für Affirmationen, eine Imagination oder Meditation und unterstützende Heilsteine und Bach-Blüten.

Zum Schluss noch zwei klärende Bemerkungen: Ich duze dich, lieber Leser, weil wir alle Gefährten auf dem Weg zum Göttlichen sind – das Du empfinde ich als verbindend. Und ich verwende um der leichteren Lesbarkeit willen weder unnatürlich anmutende geschlechtsneutrale Formen noch das Anhängsel „Innen", sondern beschränke mich auf die männliche Form. Spirituelle Frauen stehen bestimmt über solchen Äußerlichkeiten.

Ich freue mich, wenn dieses Buch dich für eine Weile auf deinem Lebensweg begleitet, und wünsche dir Freude und Zuversicht dabei und mindestens einen Gefährten, der an deiner Seite wandert.

Dezember 2017

Auf dem Sonnwandeln-Weg

Die Sonnwandeln-Buchreihe bietet dir Anregungen zur Selbstveränderung, um spirituell zu wachsen und um das Leben freudiger und erfüllter zu gestalten. Im Mittelpunkt steht ein „sonniger" Pfad, auf dem du vor allem Selbstwertgefühl, Urvertrauen und Gleichmut aufbaust und stärkst. Dazu dienen die empfohlenen Aufgaben und Übungen. Deine neuen Erkenntnisse kannst du im alltäglichen Handeln, im Umgang mit deinen Mitmenschen, bei der Bewältigung von Herausforderungen und Krisen laufend umsetzen.

Das Konzept des Sonnwandeln-Weges beruht auf drei Grundsätzen:

• **Grenzenlose Spiritualität: Es gibt so viele Wege zum Göttlichen, wie es Menschen gibt.**

→ Das Göttliche: siehe Glossar Seite 230

Jeder von uns durchläuft einen eigenen spirituellen Prozess mit Herausforderungen und Chancen, zu lernenden Lektionen und entsprechenden Hilfen. Mit meiner Sonnwandeln-Reihe zeige ich undogmatisch Möglichkeiten der inneren Wandlung auf. Ich stütze mich dabei auf ein breites Fundament aus christlichen, jüdischen, islamischen, buddhistischen, hinduistischen Ansätzen und tradierter spiritueller Weisheit aller Zeiten und Weltgegenden, ebenso wie auf Psychologie und Philosophie.

Die absolute Wahrheit gibt es nicht auf der menschlichen Ebene. Und was für den einen ein gangbarer Weg ist, kann für den anderen nicht geeignet sein; was gestern undenkbar war, kann heute richtig sein und morgen überholt. Wahrscheinlich wird dich also nicht alles ansprechen, was du in diesem Buch liest, und nicht jeder darin beschriebene Entwicklungsschritt ist für dich gegenwärtig angesagt. Sei bei der Lektüre deshalb offen für Neues und Fremdes, horche aber zugleich in dich hinein, ob die Texte und Anregungen in dir eine Resonanz finden. Nimm an, was in dir anklingt, und lass bleiben, was für dich nicht stimmt.

• Spiritualität findet im Alltag statt.

Ich lehne eine Spiritualität, die sich auf Gebet und Meditation beschränkt oder einen Rückzug aus der Welt vorsieht, keineswegs ab – wie gesagt, es gibt so viele Wege zum Göttlichen... Mein Weg ist es allerdings nicht.

→ Über meine prägende Erfahrung berichte ich in der Einleitung zu Band I

Denn zu oft habe ich beobachtet, wie Menschen – ich eingeschlossen –, die sich für spirituell halten, weil sie stundenlang in Versenkung verweilen und Askese praktizieren, im Alltag dann ihren Ängsten erliegen, Wut, Eifersucht und andere niedere Triebe nicht im Griff haben, nur ein schwaches Selbstwertgefühl besitzen. Kurz: durch ihre Spiritualität das Leben nicht besser meistern und nicht zufriedener sind als unspirituelle Menschen.

Ich glaube, dass das Leben selbst unser Lehrer ist und das Göttliche uns darin führt. *Im Alltag* sollen wir demnach spirituell wachsen und dabei auch glücklich sein. In jedem Augenblick unseres Lebens können wir uns durch den Umgang mit den Mitmenschen, mit den Herausforderungen, Krisen und Chancen weiterentwickeln und die spirituellen Eigenschaften erwerben, die uns der Einheit mit dem Göttlichen näherbringen – Loslassen des Ego, Gleichmut, Liebe und Selbstliebe, Freisein von Begehren, Angst und Anhaftung.

→ Ego: siehe Glossar Seite 230

• Es gibt einen sonnigen Weg durch das Leben!

Spiritualität ist nichts Asketisches, Weltfremdes, erfordert keinen Rückzug aus dem Dasein und stundenlanges Meditieren, wie es östliche Religionen zum Teil vermitteln. Ebenso wenig ist es nötig, sich in diesem Leben zu bescheiden, gar zu leiden, um im Jenseits die ewige Glückseligkeit zu erlangen, wie gewisse christliche Richtungen es nahelegen.

Nicht das äußere Leben ist der Maßstab für Spiritualität, sondern die innere Haltung. Wir dürfen und sollen alles Schöne dieser Welt genießen. Dazu wurde es doch erschaffen! Aber nicht daran hängen. Es nicht begehren, aber dankbar annehmen, wenn es uns geschenkt wird. Auf der anderen Seite: das sogenannt Leidvolle, Unangenehme, Verhasste nicht als solches betrachten, sondern gleichmütig akzeptieren im Bewusstsein, dass der göttliche Plan vollkommen ist und alles, was uns geschieht, einen Sinn hat.

Sobald wir gelernt haben, auf das Göttliche absolut zu vertrauen, uns ganz hinzugeben und führen zu lassen, wird unser Weg leicht, die Schatten verschwinden und wir wandern tatsächlich auf einem sonnigen Weg, ohne Furcht und Sorge, mit innerer Zufriedenheit. Das Paradies auf Erden ist unser angeborenes Recht: Es liegt aber an uns selbst, es in dieser Welt zu verwirklichen.

Tipps zum Umgang mit der Sonnwandeln-Reihe
Ich empfehle dir, die Bände in ihrer Reihenfolge zu lesen, ebenso wie die Kapitel innerhalb eines Bandes.

Lies jeweils ein Kapitel vollständig, bevor du mit der Aufgabe zur Selbstveränderung praktisch beginnst; vor allem in den Rubriken „Einführende Gedanken", „Vertiefende Aspekte" und „Fragen & Antworten" findest du die Grundlagen dazu. Mit der Aufgabe zur Selbstveränderung solltest du eine Weile arbeiten, ein paar Wochen, vielleicht sogar Monate, bevor du zur Aufgabe des nächsten Kapitels übergehst. Das Gleiche gilt für die zur Unterstützung empfohlenen Affirmationen, Bach-Blüten und Heilsteine.

Ich bin mir bewusst, dass sich tiefe Ängste und eingravierte Verhaltensmuster nicht in kurzer Zeit vollständig beseitigen lassen. Doch indem du dich wenigstens eine Zeit lang intensiv damit beschäftigst, setzt du eine Art Impuls, der im Unbewussten auch weiter wirkt, wenn du dich nicht mehr mit dem entsprechenden Thema befasst. Entscheidend ist dabei vor allem, dass du die Veränderung ernsthaft willst – dann wirkt eine höhere Kraft.

Geh mit der Aufgabe um, so gut du es kannst und für dich als sinnvoll spürst. Folge stets deiner Inneren Stimme und tue etwas nie, weil ein Buch es dir vorschreibt, sondern nur eigenverantwortlich und selbstbestimmt.

→ Innere Stimme: siehe Glossar Seite 230

Sei nie entmutigt, falls du meinst, nicht weiterzukommen, immer wieder über die gleichen Schwierigkeiten stolperst, denke nicht: „Ich schaffe es nie!". Entscheidend ist der Wille, das Ziel zu erreichen. Sag dir immer wieder: „Ich weiß, ich schaffe es!" Bemühst du dich ehrlich, so wird die Veränderung eintreten – aber vielleicht nicht dann, wenn du es gerne möchtest, sondern wenn für dich der richtige Augenblick gekommen ist.

Unsere Seele ist wie ein Schmetterling, der in den Dornen der Welt auf einer Blume ruht und den süßesten Nektar trinkt. Warum halten wir uns bloß für die Raupe und lassen uns von den Stacheln am paradiesischen Genuss hindern?

1. Mein Ego, dein Ego

Themen dieses Kapitels
• Die Entstehung des Ego in der Evolution und dessen Sinn • Die indische Philosophie der Dualität von Purusha und Prakriti und die wirkende Natur • Die Elemente des Ego • Auch ein „erweitertes" Ego ist ein Ego • Der Umgang mit anderen Egos • Die Illusion des Ich • Wie überwinde ich das Ego?

Entwicklungsziel
Ich beobachte die Elemente meines Ego und versuche jeweils zu erkennen, welches – Körperliches, Vitales, Mentales – gerade aktiv ist und dominiert; dabei mache ich mir bewusst, dass es die wirkende Natur ist, die denkt, fühlt, handelt.
Dann bemühe ich mich, das jeweilige Element in mir für den spirituellen Weg zu verwandeln.

Einführende Gedanken

Der Sinn des Ego

Die Bildung des Ego war eine wichtige Errungenschaft der Evolution: Es ist die Geburt des Individuums, das Erwachen des Bewusstseins, dass jedes „Ich" nicht nur ein Bestandteil eines Kollektivs ist, wie etwa bei Ameisen und Bienen, vielmehr ein von anderen abgegrenztes Wesen mit individuellen Bedürfnissen und der innewohnenden Möglichkeit, diese zu befriedigen.

Aus dem Blickwinkel der Evolution muss der Mensch als Spezies seine Eigenständigkeit gegenüber der Natur erarbeiten und behaupten: sich nicht länger von ihrer Mechanik und seinem Instinkt leiten lassen, sondern von seinen Vorstellungen und Wünschen, also seine Individualität wahrnehmen und ausleben. Erst wenn er den Reichtum des Ego an Fähigkeiten, Kraft und Genuss erfahren hat, kann er sich Höherem zuwenden. Das Ego stellt somit eine Zwischenstufe auf dem evolutiven Weg vom instinktgesteuerten zum spirituellen Wesen dar, von der Unbewusstheit zum göttlichen Bewusstsein. Ist dieses Ziel „Bildung des Ego" jedoch erreicht – und das ist es längst –, steht das nächste an: das Erlangen des Bewusstseins, dass dieses Ego nur ein zu überwindender Übergang ist, und damit verbunden die spirituelle Entwicklung zum Göttlichen.

Zur Zeit lebt die Mehrheit der Menschen allerdings noch in einem äußeren, oberflächlichen Ego-Bewusstsein und identifiziert sich mit ihm. Das Ego ist es folglich, das sich freut und leidet, dem wir einen freien Willen zuschreiben und all das, von dem wir meinen, es mache uns aus. Der Einheit aller Wesen, ja allen Seienden sind wir uns nicht bewusst und versuchen deshalb stets im Hinblick auf unseren individuellen Vorteil zu handeln. Daraus resultiert vieles, was wir schlecht, böse, verwerflich, sündig, egoistisch nennen. Es ist jedoch, wie gesagt, nichts weiter als ein Schritt in der Evolution: Die Natur setzt alles ein, was ihr zur Verfügung steht, schöpft alle Möglichkeiten aus, um die Entwicklung voranzutreiben, auch egoistische oder selbstzerstörerische Triebe, wenn sie dem fernen Ziel dienen. Sind in der Menschheit doch erst durch das „Böse" und das

→ Die Thematik der Evolution erläutere ich ausführlicher in meinem Buch „Karma Yoga"; Info Seite 238

Empfinden von „Sünde" die Ethik und Moral als Vorstufen des spirituellen Bewusstseins entstanden.

Die Verwandlung des Ego

In Wahrheit ist das Ego nur ein Ersatzbewusstsein, und von diesem Irrglauben, es sei unser wahres Selbst, haben wir uns jetzt zu lösen. Sagen wir „Ich", sollten wir immer unsere Seele meinen, den göttlichen Kern in uns, der sich weder sorgt noch leidet und als Willen lediglich den göttlichen anerkennt. Das Ego loslassen, unsere wahre Identität erfahren und damit wieder eins mit dem Göttlichen werden, ist der Sinn der menschlichen Existenz.

Wenn ich sage „das Ego loslassen", so darf darunter nicht verstanden werden, es zu vernichten, denn es verfügt über die Eigenschaften, die für unseren spirituellen Weg unerlässlich sind. *Verwandeln* sollen wir es, von der gegenwärtigen unvollkommenen Entwicklungsstufe auf eine höhere erheben. Jede unserer niederen Regungen ist nämlich lediglich die Verzerrung der wahren Eigenschaft des Göttlichen (und unseres wahren Selbst) und kann in sie verwandelt werden: So muss beispielsweise unsere besitzergreifende Liebe zur bedingungslosen Liebe werden, unser Hunger nach weltlichen Genüssen zur Sehnsucht nach der immerwährenden göttlichen Glückseligkeit, unser unvollkommenes Denken zum All-Wissen.

Dabei lassen wir auch die egoische Illusion los, wir seien vom Göttlichen und von anderen Wesen unabhängige Entitäten.

→ Vergleiche Seiten 29/30

→ Egoisch: siehe Glossar Seite 230

Uns weiterhin abgrenzen

Unser Ziel der Einheit mit allen Wesen im Göttlichen darf uns indes nicht dazu verleiten, diese Einheit mit anderen *Egos* zu suchen oder lediglich unsere egoischen Individualbedürfnisse auf Mitmenschen auszudehnen, unser Ego gewissermaßen zu erweitern.

Als spirituell Suchende beschäftigen wir uns ja fortwährend mit unserem eigenen Ego, bemühen uns, es zu verwandeln, sind manchmal über uns selbst enttäuscht, wenn wir meinen, uns zu wenig anzustrengen oder einen Rückfall erlitten zu haben – und vergegenwärtigen uns viel zu sel-

→ Siehe
Seite 33

→ In Band II
erläutere ich am
Beispiel der
Angst, wie wir
fremde Energien
aufnehmen.

→ Ashram: siehe
Glossar Seite 229

ten, dass auch alle unsere Mitmenschen in mehr oder weniger starkem Ausmaß im und aus dem Ego leben. Es wäre daher falsch, uns vor lauter Nächstenliebe und Streben nach Einheit anderen Egos zu unterwerfen. Jedes Wesen ist es zwar wert, dass wir ihm mit Achtung und Wohlwollen begegnen; doch unsere Selbstbestimmung und Individualität müssen wir uns bewahren und uns niemals gegen die Stimme unserer Seele dem Willen fremder Egos beugen. Schon gar nicht aus Angst, andere zu verletzen, zu verärgern, zu verunsichern, zu schwächen. Seien wir uns nämlich bewusst: Was wir jemandem auch immer antun, wir tun es nur seinem Ego an – die Seele lässt sich nicht verletzen, verärgern, verunsichern, schwächen.

Oft ist es sogar nötig, uns von anderen Egos fernzuhalten: Nur allzu leicht hüllt uns nämlich deren Schwingung ein und wir nehmen Empfindungen auf, die uns nicht guttun. Deshalb wird auf vielen mystischen Wegen ein Rückzug aus der Gesellschaft, selbst von der eigenen Familie, empfohlen oder sogar gefordert, etwa in Klöstern, Ashrams und ähnlichen Gemeinschaften. So radikal brauchen wir indes nicht vorzugehen, schließlich bringt uns jede Erfahrung mit Mitmenschen auch weiter. Doch sollten wir zuweilen etwas wählerischer sein, mit wem wir uns umgeben, und wir dürfen uns nicht scheuen, sogenannte Freundschaften aufzukündigen, wenn sie nicht (mehr) zu uns passen, und erst recht oberflächliche Beziehungen, die wir mitunter bloß aufrechterhalten, um nicht allein zu sein.

Die Entstehung und der Sinn des Ego in der Evolution

Die altindische Philosophie kann uns einiges über unser egoisches Verhalten und unseren spirituellen Weg plausibel erläutern. Ich will es nicht als absolute Wahrheit darstellen, diese kennt niemand; doch mir persönlich scheint vieles einleuchtend und ich halte es zumindest für ein brauchbares Modell, um an uns zu arbeiten. Jeder von uns kann nach den persönlichen Erfahrungen beurteilen, inwieweit er es als eigene Wahrheit in sich spürt.

Die Erkenntnis der Dualität ist eine Grundlage der indischen Philosophie und erklärt, warum wir uns unserer Göttlichkeit nicht bewusst sind, warum wir uns für das Ego halten und uns nicht als Seele wahrnehmen. Nachfolgend versuche ich, diese philosophisch ausgereifte und weitreichende Lehre kurz wiederzugeben, in einfachen Worten und hauptsächlich im Hinblick auf die Einsichten, die uns bei der Beschäftigung mit dem Ego nützlich sein können. Wer sich vertieft damit beschäftigen will, findet in den Büchern von Sri Aurobindo umfassende und vor allem gut verständliche Darstellungen.

→ Dualität: siehe Glossar Seite 229

In der indischen Philosophie gibt es verschiedene Richtungen; meine Ausführungen gründen im Wesentlichen auf Sri Aurobindo. – Parallelen dazu finden sich auch in der jüdischen Mystik.

Es wird davon ausgegangen, dass es nur eines gibt, das Göttliche (Brahman), und alles Existierende in oder aus ihm besteht. In der materiellen Welt hat es sein Bewusstsein mit Unwissenheit verhüllt (Involution). Dadurch entsteht die Illusion (Maya) der Dualität: auf der einen Seite die Schöpfung (mit der wirkenden göttlichen Kraft, Prakriti), auf der anderen Seite das transzendente Göttliche (Purusha), der außenstehende, unbewegte Zuschauer des ganzen weltlichen Schauspiels, der dieses zulässt, trägt und genießt, ohne einzugreifen. Prakriti wirkt in der Welt mit dem Ziel, das verhüllte göttliche Bewusstsein wieder bewusst zu machen (Evolution). Aus unbelebter Materie bildet sich das Leben: zuerst anorganische, dann organische Moleküle, die sich zu Einzellern vereinigen; mit den Pflanzen erreicht es eine erste Stufe, die sich zu Tieren weiterentwickelt und immer höhere Formen annimmt, bis sich beim Menschen Verstand und Bewusstsein bilden. Während bei den Tieren noch alles mechanisch, der Prakriti gehorchend abläuft,

→ Brahman, Maya, Prakriti, Purusha: siehe Glossar Seiten 229 und 232

→ Seele: verglei-
che Seiten 30
und 32; Seele und
höheres Selbst
siehe auch Glossar
Seiten 230
und 232

nimmt beim Menschen die Seele (der göttliche Kern) aktiver teil: Erstmals in der Evolutionsgeschichte ergibt sich die Möglichkeit, den Schleier der Unbewusstheit, der uns vorgaukelt, wir seien vom Göttlichen getrennt, niederzureißen und unser höheres Selbst, den Purusha, zu erkennen.

Damit sich also das Individualbewusstsein aus dem Kollektivbewusstsein der Natur herauslösen konnte, war die Entstehung des Ego notwendig: Das Bewusstsein brauchte ein „Gebilde", um sich darin zu sammeln, zu zentrieren und zu individualisieren. Um weiterzuschreiten und zum höheren Bewusstsein zu werden, müssen wir nun das Ego, das niedrige Bewusstsein, überwinden.

Wir können auch sagen: Das Ego – das *individuelle* Besitzen und Genießen – war für das Tier Mensch Anreiz und Antrieb, sich zu bemühen und nach mehr zu streben. Sonst hätte es sich weiterhin mit der Befriedigung der lebensnotwendigen Triebe Essen, Schlafen und Fortpflanzung begnügt. Das Ego hat uns also weitergebracht, doch nun ist es ein Hindernis auf dem Weg zur Einheit. Es verhält sich ja oft so mit Werkzeugen, dass sie nur eine Zeit lang nützlich, irgendwann jedoch überholt sind: Beispielsweise erweisen dem Kind die Finger einen guten Dienst zum Rechnen, für die höhere Mathematik sind sie jedoch völlig ungeeignet.

* * *

Die Wirkungsweise der Natur (Prakriti) im Ego, die Elemente des Ego und unser Umgang mit ihnen
Obwohl beim Menschen die Seele aktiver ist als bei allen vorangehenden Evolutionsstufen, wird ein wesentlicher Teil unseres Verhaltens immer noch mechanisch von der Natur gesteuert; man spricht manchmal vom „Krokodilhirn" und meint damit die elementarsten animalischen Triebe und Instinkte in uns.

→ Guna, Tamas,
Rajas, Sattwa:
siehe Glossar
Seiten 230
und 232

Nach der altindischen Philosophie agiert die Prakriti in der Unbewusstheit durch die drei Gunas (Wirkprinzipien) Tamas, Rajas und Sattwa, die miteinander, aber auch gegeneinander wirken, wobei einmal das eine aktiver ist und dominiert, einmal das andere. Analog besteht unser Ego aus voneinander unabhängigen Elementen, die wir durchaus unterscheiden können, beobachten wir uns genauer: Körperliches, Vitales und Mentales.

Diese drei Elemente widerspiegeln die universelle Evolution: Die Materie bildet das Körperliche, der Lebenshauch (Odem) wirkt im Vitalen (Emotionen, Fühlen), der Geist manifestiert sich im Mentalen (Verstand, Denken). In jedem Menschen sind alle drei vorhanden, allerdings unterschiedlich entwickelt und mit unterschiedlichem Einfluss auf sein individuelles Verhalten. Im Körperlichen dominiert Tamas, im Vitalen ist es Rajas und im Mentalen Sattwa. Konkreter ausgedrückt: Jedes dieser Elemente hat ihm eigene Funktionen, Charakteristiken (Bedürfnisse), Eigenschaften und Ängste. Sie sind und wirken eigenständig – das müssen wir uns immer wieder bewusst machen – und sind nicht unser wahres Selbst: „Ich" ist nicht Körper, „Ich" ist nicht Vitales, „Ich" ist nicht Mentales – „Ich" ist Seele. Somit sollten wir mit ihnen umgehen wie mit Außenstehenden: Wir (als Seele und mit der Unterstützung des inneren Mentalen, das die Argumente liefert) versuchen sie zu überzeugen oder zu motivieren oder setzen uns einfach über ihr Wollen hinweg.

Besonders mit dem Vitalen, das vielen unserer Verhaltensweisen zugrunde liegt, weil es stets versucht, die anderen beiden für seine Zwecke einzuspannen, bewährt es sich zu reden wie mit einem Kind und es von der Kooperation für den spirituellen Weg zu überzeugen. Gelingt uns dies, so haben wir in ihm mit seiner Begeisterungsfähigkeit und Leidenschaft einen mächtigen Verbündeten; in der indischen Philosophie ist man zuweilen sogar der Meinung, die Erleuchtung sei ohne das Vitale nicht zu erlangen.

Bei den einzelnen negativen Zügen des Ego, beispielsweise Eifersucht, Trägheit, Sturheit, empfiehlt sich hingegen, sie aus uns „hinauszuwerfen", indem wir uns daran erinnern, dass sie nicht zu uns gehören. Und schließlich müssen wir uns auch bewusst sein: Ganz ohne Willenskraft und Selbstdisziplin geht es nicht.

Ich erachte dieses Modell der indischen Philosophie für den spirituellen Weg als überaus nützlich: Indem wir bei uns beobachten, wie diese Prinzipien oder die Elemente des Ego in uns wirken, fällt es uns leichter, hinderliche Eigenschaften zu erkennen und zu überwinden.

→ Vitales und mentales Ego: siehe Glossar Seite 232

→ Siehe Tabelle auf Seiten 26/27

→ Die höhere Entsprechung der egoischen Elemente (inneres Körperliches, inneres Vitales, inneres Mentales) erläutere ich in Kapitel 2, Seiten 55ff.

→ Siehe Aufgabe zur Selbstveränderung, Seiten 46/47

Ego-Element	Guna (Wirkprinzip)	Funktion
Körperliches Ego	*Tamas* Prinzip der Unwissenheit und Trägheit	• Grundlegende Fertigkeiten für die Existenz (Bewegung, Atmung, …) • Selbsterhaltungstrieb (Ernährung, Gesundheit, …)
Vitales Ego	*Rajas* Prinzip der Tatkraft und Leidenschaft (tragendes Prinzip der anderen beiden)	• Emotionen, Leidenschaften (auch leidenschaftliche Liebe und Selbstaufopferung) • Sexuelle Anziehung • Zwischenmenschliche Beziehungen • Wünsche, Antriebskraft • Herausforderung und Genuss
Mentales Ego	*Sattwa* Prinzip der Weisheit und Tugend (höchstes der drei Gunas, aber immer noch begrenzte Sichtweise, nicht begründet in der All-Weisheit)	• Konzepte, rationales Denken, Logik • Meinungen, Interessen • Glaubensrichtungen, Ideale, Wertvorstellungen • Praktisches Wissen, Entscheidungsfindung

Beispiele für das Zusammenwirken der Gunas/Elemente des Ego:
• Will das Mentale (durch Sattwa) lernen und Neues erfahren, wirkt das Vitale (durch Rajas) unterstützend mit seiner Begeisterungsfähigkeit, weil es nachher mit dem Wissen auftrumpfen kann und damit sein Selbstwertgefühl stärkt.
• Bei den Unternehmungen des Vitalen lenkt das Mentale mit seiner Weisheit und Tugend in die Richtung, die zwar Erfolg verspricht, aber mit ethisch korrekten Mitteln.

Charakteristik (Bedürfnisse)	Egoische Eigenschaften	Typische Ängste
• Streben nach Bequemlichkeit und Untätigkeit • Unwillen zu handeln und zu lernen • Wunsch, ohne Anstrengung und Herausforderung zu leben	• Schwäche, Unfähigkeit • Trägheit, Gleichgültigkeit	• Hunger, Durst zu leiden • Physischer Schmerz • Krankheit, Tod
• Streben nach Besitz, Lust und Vergnügen • Wunsch nach Handeln, Abwechslung, Spannung („Drama des Lebens") • Bemühung um Erfolg	• Vitalität, Dynamik, Leidenschaft • alle Leidenschaften wie Eitelkeit, Eifersucht, Zorn, Hochmut, … • Wird das Vitale gebremst oder fehlt der Erfolg: Lustlosigkeit, Freudlosigkeit, Niedergeschlagenheit, Mutlosigkeit, Resignation	• Jede Art von psychischem Schmerz (auch Angst vor Leiden und Tod) • Langeweile, Untätigkeit
• Streben nach Wissen, Wahrheit und Harmonie • Bemühung um ein tugendhaftes Leben (ethisch, moralisch, spirituell)	• Befolgen eigener Prinzipien und Wertvorstellungen • Festhalten an den eigenen ethischen, philosophischen, religiösen Denkmustern • Empfinden der eigenen Rechtschaffenheit und Befriedigung des persönlichen „erleuchteten" Ego	• Geistige Trägheit und Unterforderung • Verlust der mentalen Kontrolle

Beispiele für das gegenläufige Wirken der Gunas/Elemente des Ego:
• Will das Vitale ein Ziel erreichen (Besitz, Erfolg, Vergnügen), so wirkt das Körperliche mit seiner Bequemlichkeit entgegen, auch das Mentale kann mit ethischen/moralischen Bedenken hinderlich sein.
• Braucht der Körper tatsächlich Erholung, kann das Vitale mit seiner Unternehmungslust zu unvernünftigen Leistungen antreiben.
• Besonders „trotzig" verhält sich das Vitale, wenn es das Ersehnte nicht bekommt; es reagiert mit Depression, Resignation und Entzug der Antriebskraft, sodass das Körperliche und das Mentale kaum mehr „handlungsfähig" sind.

SINNBILDLICH

Die Schlange
Eine indische Geschichte, die Yogananda erzählte

Auf einem Felsen, außerhalb eines Dorfes, lebte eine Kobra, die durch ihren Biss schon viele Menschen getötet hatte. Deshalb baten die Dorfältesten einen heiligen Mann, etwas dagegen zu unternehmen.

Er ging zu der Schlange und sagte ihr: „Hör auf, die Leute meines Dorfes anzugreifen." Berührt durch die Kraft der spirituellen Liebe versprach sie es ihm.

Als der Heilige nach einer langen Wallfahrt zurückkehrte und am Felsen vorbeikam, fand er die Kobra verwundet und blutend daliegen. „Was ist mit dir geschehen?", fragte er erstaunt.

Mit schwacher Stimme antwortete sie: „Die Kinder des Dorfes haben gemerkt, dass ich seit deinem Besuch harmlos bin. Jetzt werfen sie mit Steinen nach mir, sooft sie mich irgendwo entdecken."

Der Heilige legte seine Hand auf die Schlange und heilte ihre Wunden. Dann lächelte er verschmitzt und sagte: „Ich habe dir auferlegt, nicht zu beißen – aber warum hast du nicht gezischt?"

Yogananda kommentierte die Geschichte wie folgt: „Lass nicht zu, dass andere dich verletzen; du sollst kein Gift gegen sie sprühen, aber halte sie von dir fern, indem du klar und bestimmt mit ihnen sprichst."

Wo ist in diesem System mit den drei Elementen des Ego das in der Psychologie viel zitierte Unbewusste anzusiedeln?

Nach Sri Aurobindo bilden die drei Elemente des Ego (Körperliches, Vitales, Mentales) unser *äußeres* (oder oberflächliches, niedriges) Bewusstsein – dieses erkennen wir und nennen es Ich. Daneben gibt es ein *inneres* Bewusstsein, das die meisten Menschen überhaupt nicht wahrnehmen; erst durch den spirituellen Weg tritt es mehr und mehr hervor und nimmt die Stelle des äußeren ein. Das innere Bewusstsein besteht aus drei Elementen: aus dem, was in der Psychologie das Unbewusste (oder Unterbewusstsein) genannt wird, dem inneren Wesen und der Seele.

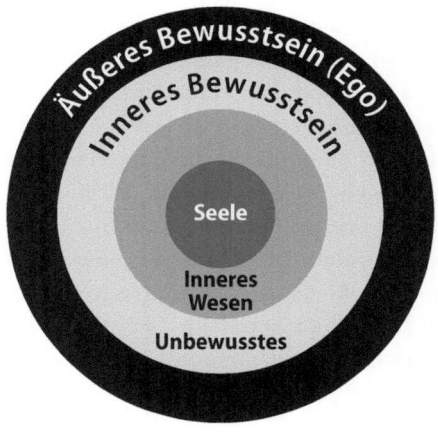

Ego (äußeres Bewusstsein, äußeres Wesen)
Das Ego und dessen einzelne Elemente habe ich auf den vorangehenden Seiten ausreichend erläutert.

Unbewusstes
Das Unbewusste ist ein Teil unseres Wesens, der – wie der Name sagt – nicht bewusst ist; es ist ein Sammelbecken für persönliche Erlebnisse, aber auch für Erfahrungen der gesamten Menschheit (in der Psychologie: kollektives Unbe-

wusstes) und sogar der ganzen Evolution bis zurück in die ersten Phasen. Aus dem Unbewussten steigen ständig Impulse auf, die unser Verhalten steuern, ohne dass wir uns dessen bewusst sind; es handelt sich dabei oft um negative Inhalte, beispielsweise Ängste, Pessimismus, Mutlosigkeit, schlechte Empfindungen und viele andere.

Inneres Wesen

Das innere Wesen besteht aus den gleichen drei Elementen, die das Ego ausmachen, jedoch in ihrer höheren, reinen Form (inneres Körperliches, inneres Vitales, inneres Mentales); es ist verbunden mit den entsprechenden universellen höheren Ebenen.

Das innere Wesen sendet ebenfalls Impulse an das äußere Bewusstsein und lenkt unser Verhalten; im Gegensatz zu den Einflüssen aus dem Unbewussten handelt es sich dabei jedoch um positive Inhalte, die uns eine subtilere, wahrere Einsicht ermöglichen und uns zu einem besseren Verstehen und Handeln leiten.

Spreche ich jeweils davon, das Ego zu verwandeln, meine ich damit auch, die niedrigen äußeren Elemente Körperliches, Vitales und Mentales in die entsprechenden höheren des inneren Wesens zu verwandeln, das heißt, die äußeren loszulassen und nur noch in den inneren zu leben.

In der Sonnwandeln-Reihe unterscheide ich der Einfachheit halber in der Regel nicht zwischen innerem Wesen und Seele, denn beide gehören – im Gegensatz zum Ego und zum Unbewussten – zum höheren Bewusstsein.

Seele

Die Seele ist der individuelle göttliche Kern in uns, der sich durch die Erfahrungen und Erkenntnisse entwickelt und die Verwirklichung des Göttlichen (höheres Selbst, Purusha) anstrebt. Die Seele ist unser innerstes, tiefstes Element; gelingt es uns, im Kontakt mit ihr – oder in ihr – zu leben, haben wir teil am höheren Wissen und an der göttlichen Glückseligkeit und unser spiritueller Weg verläuft sicher und direkt.

→ Streng genommen ist es nicht ganz korrekt zu sagen, die Seele *entwickle* sich; doch für unsere Zwecke können wir es durchaus so betrachten.

*   *   *

Wie können wir sicher sein, dass es der endgültige Sinn des Lebens ist, das Ego loszulassen, gab es doch offenbar eine Zeit, als die Bildung des Ego der Sinn war?
Es wäre vermessen, das zu behaupten, wir kennen ja das göttliche Spiel nicht. Der Sinn des Lebens lässt sich immer nur für die derzeit erreichte Stufe erahnen: Blicken wir zurück auf die Evolution der Erde, so gab es eine Periode, als der Sinn darin bestand, aus „toter" Materie Leben hervorzubringen, in einer anderen Periode dann, den Verstand und ein Bewusstsein zu entwickeln. Hier stehen wir heute, und weil wir fähig sind zu erkennen, dass es über oder jenseits des Menschen etwas Höheres gibt, liegt der Sinn darin, dieses Höhere zu erlangen. Das können wir sehr wohl auch nicht religiös verstehen, auf einer geistigen, moralischen, ethischen oder evolutionären Ebene.

Haben wir das, was wir heute das göttliche Bewusstsein nennen, verwirklicht, werden wir wissen, ob ein weiterer Evolutionsschritt ansteht; im Augenblick bleibt uns nichts anderes übrig, als auf der Stufe, auf der wir uns befinden, zu wirken und voranzukommen.

* * *

Meinte der Buddha das Ego, als er sagte, es gebe kein beständiges Selbst?
Vielleicht. Das Ego ist jedenfalls nicht beständig, sondern eine zeitlich begrenzte, sich wandelnde Formation der wirkenden Natur. Aber auch die Seele ist nicht beständig im Sinne, dass sie nicht unveränderlich ist, denn die Seele ist – gemäß der indischen Philosophie, die ja auch die Wurzeln des Buddhismus bildet – nicht mit dem Purusha (dem transzendenten, unveränderlichen Göttlichen) gleichzusetzen.

Bei dieser Gelegenheit will ich die Begriffe Seele und höheres Selbst, wie ich sie in der Sonnwandeln-Reihe in Anlehnung an die indische Philosophie jeweils verwende, in aller Kürze erläutern.

Ebenso wie das Göttliche zugleich Purusha und Prakriti ist (Transzendentes jenseits der Schöpfung und Wirken in der Schöpfung), so ist auch der Mensch zugleich höheres Selbst (Purusha) und Individualseele (Jiva).

→ Jiva: siehe Glossar Seite 231

31

→ Diese ganze Thematik vertiefe ich in Band V; Info siehe Seite 236

Unser höheres Selbst ist ein Teil des unveränderlichen Göttlichen, des Transzendenten jenseits der Schöpfung – oder das Unteilbare, Eine, Göttliche, der Purusha an sich. Eine Kernaussage lautet auf Sanskrit: So'ham (Ich bin Es). Es ist für unseren Verstand nicht möglich, diesen (nur in der egoischen Unbewusstheit vorhandenen) Widerspruch zu erfassen, ein Teil könne zugleich das Ganze sein; doch wenn es nur eines gibt, so muss alles, was wir in unserer Verblendung als Teil wahrnehmen, in Wirklichkeit das Eine sein.

Die Seele ist der wirkende göttliche Kern in uns, der durch mehrere Wiedergeburten wandert und die Vereinigung mit dem höheren Selbst, also dem Göttlichen, an-

→ Innere Stimme: siehe Glossar Seite 230

strebt. Es ist der Teil in uns, aus welchem die Innere Stimme spricht, uns zum Guten antreibt und die Elemente des Ego von ihrer niedrigen Form in eine höhere (göttliche) zu verwandeln versucht. Je mehr es uns gelingt, uns vom Ego zu entfernen, umso mehr werden wir uns der Seele bewusst und lassen zu, dass sie die Führung übernimmt über unser Denken, Fühlen, unser ganzes Verhalten; sie lenkt uns zielgerichtet und intensiv auf dem spirituellen Weg, bis sie sich mit dem höheren Selbst vereint (Gottesverwirklichung, Erleuchtung).

→ Nirwana: siehe Glossar Seite 232

Über die Art dieser Vereinigung bestehen verschiedene Überzeugungen: Die Seele löst sich entweder in der göttlichen Einheit auf, was dem buddhistischen Erlöschen/Nirwana entspricht, oder sie existiert in alle Ewigkeit als individuelles Selbst im Göttlichen, was dem christlichen Paradies entspricht, oder, nach gewissen hinduistischen und buddhistischen Vorstellungen, kehrt erleuchtet freiwillig in einem Körper auf die Erde zurück, um anderen Wesen bei ihrer Entwicklung beizustehen.

*   *   *

→ Diese Aussage steht auf Seite 21

Was ist unter „das Ego erweitern" oder „erweitertes Ego" zu verstehen?
Etwas, das wir oft für altruistisch und folglich überhaupt nicht für egoisch halten. Wir handeln zum Wohl unseres Kindes, unserer Mutter oder von Verwandten und Freun-

den, vielleicht sogar für unser Dorf, unsere Region oder den Staat, gar aus Sorge um den ganzen Planeten. Unsere Taten sollen also nicht (nur) uns selbst, sondern Menschen in unserer Umgebung nützen. Mit anderen Worten: Wir dehnen unseren Interessenskreis auf die Familie, die Sippe, die Nation, die Erde aus – wir erweitern unser Individual-Ego auf eine Gemeinschaft, der wir uns zugehörig fühlen, zu einem Kollektiv-Ego.

Dabei handeln wir aber nicht ausschließlich für das Göttliche, sondern immer noch für Ziele, Wünsche, Ideologien und, selbst wenn es zum Wohl anderer ist, indirekt auch für uns: Denn geht es den geliebten Menschen oder der Welt gut, fühlen wir uns auch besser.

→ Vergleiche Kapitel 5 von Band I; Info siehe Seite 233

* * *

Was bedeutet es konkret, uns stets bewusst zu sein, andere seien auch bloß Egos, und uns ihnen deshalb nicht zu unterwerfen?

→ Diese Aussage steht auf Seite 22

Es ist unerlässlich, darauf zu achten, dass das Streben nach Einheit mit allen Wesen nicht zu einer Form von Unpersönlichkeit führt, die sich dem Willen eines jeden Ego ergibt, sobald dieses stärker und beharrlicher als das eigene ist. Meistens unterliegen wir anderen Egos wegen der eigenen Schwäche und unserer Ängste: Wir trauen uns nicht, Nein zu sagen, unsere Meinung zu äußern, so zu handeln, wie wir es eigentlich möchten; wir haben Angst, die Liebe und Anerkennung zu verlieren; nicht zuletzt schrecken wir aus missverstandener Nächstenliebe auch davor zurück, andere zu verletzen und sie in ihre Schranken zu weisen.

→ Vergleiche Kapitel 1 von Band III; Info siehe Seite 235

Es ist zwar nicht immer einfach zu entscheiden, ob wir uns einem Mitmenschen gegenüber nachgiebig oder hart verhalten sollen. Wir dürfen jedoch darauf vertrauen, dass wir in uns das Richtige spüren, und entsprechend handeln, ohne an die Konsequenzen denken und diese fürchten zu müssen. Sind wir unsicher, sollten wir in uns hineinhorchen, ob unser Verhalten von Angst gesteuert wird oder ob echte, selbstlose Hingabe und Nächstenliebe uns leiten.

→ Vergleiche Seite 77

Nicht nur für uns ist es wichtig, fremden Egos zu widerstehen, sondern auch für die betreffenden Menschen: Dadurch lernen sie und werden darin gefördert, ihr Ego mehr und mehr loszulassen. Ein offensichtliches Beispiel ist ein unangenehmer, aber sehr reicher Mensch, der stets versucht, mit Geld alles zu kaufen, Ansehen, Ruhm, Freundschaft, Gesundheit, und mithilfe seiner finanziellen Mittel alle Hindernisse in seinem beruflichen und privaten Leben aus dem Weg zu räumen. Warum gelingt ihm das so oft und so lange? Doch nur, weil sich Menschen kaufen lassen: Der Ehepartner verlässt ihn des Geldes wegen nicht, die Angestellten seiner Firma kuschen aus Angst, den Arbeitsplatz zu verlieren, sogenannte Freunde scharen sich um ihn wegen seiner Großzügigkeit. Was wäre, ließen sie alle sich vom Reichtum nicht beeindrucken und sagten diesem Menschen stets aufrichtig ihre Meinung, ohne Angst ihn zu verletzen und sein Wohlwollen, seine Freundschaft, also sein Geld und ihre Vorteile, zu verlieren? Käme er nicht früher oder später zu Erkenntnissen, die seinen Charakter positiv beeinflussen und formen? Doch wie kann er lernen, wenn alle stets nach der Pfeife seines Ego tanzen?

* * *

→ Diese Aussage steht auf Seite 22

Das eine ist zu wissen, dass wenn wir einen anderen Menschen verletzen, wir es ja nur seinem Ego antun, etwas anderes aber mit diesem Menschen auszukommen oder mitzuerleben, wie er unter unserem Verhalten leidet. Wie gehen wir mit diesem inneren Konflikt um?
Diese Frage wird mir in dieser oder ähnlicher Form immer wieder gestellt. Es fällt uns tatsächlich sehr schwer, anderen wehzutun, und ich meine hier wohlverstanden nicht böswilliges Verhalten, sondern lediglich die Verletzungen, die entstehen, wenn wir selbstbestimmt handeln und andere Egos nicht gewähren lassen.

Der erste Grund ist, wie in der vorangehenden Antwort erwähnt, dass wir Konflikte scheuen oder fürchten, nicht mehr geschätzt zu werden, da wir von der Liebe und Anerkennung anderer abhängig sind; der zweite, dass wir selbst es nicht ertragen, Menschen leiden zu sehen. In beiden Fällen handelt es sich um eigene Schwächen, die dem Ego entstammen. Es gibt keinen anderen Weg, als uns mutig da-

→ Vergleiche Seiten 201/202

rüber hinwegzusetzen und in jedem Augenblick wir selbst zu sein, stets zu tun, was wir als richtig spüren.

* * *

Wie werden wir das Ego los, was müssen wir konkret tun?
Diese Aufgabe sollten wir aus zwei verschiedenen Richtungen angehen.

A. Wir bemühen uns, die einzelnen Ausprägungen des Ego loszuwerden, also Ängste, Wünsche, Anhaftungen, im Detail Habgier, Neid, Eifersucht, Zorn, Besitzansprüche, Traurigkeit, Trägheit – die Aufzählung aller Eigenschaften wäre unendlich –, auch unser vermeintliches Wissen, fixe Vorstellungen und Überzeugungen.

Dabei liegt der erste Schritt im Erkennen dieser egoischen Eigenschaften, der zweite darin, uns ihnen zu verweigern. Dieser Prozess ist unerlässlich, doch führt er allein nicht zur Vollkommenheit, denn unsere (Willens)kraft reicht dazu nicht aus.

B. Deshalb übergeben wir unsere Wandlung dem Göttlichen durch Hingabe und Aspiration. Wir sind nicht mehr *egozentrisch*, sondern *gott-zentrisch*: Wir machen nicht länger das Ego, sondern das Göttliche zum Mittelpunkt unseres Seins, wir denken, fühlen, handeln nur noch für das Göttliche. Es findet in uns eine Öffnung zum göttlichen Bewusstsein statt, das bildlich in uns hineinfließt; dadurch übernimmt die Seele mehr und mehr die Führung und nimmt die Stelle des Ego ein. Die Empfindung, ein handelndes Individuum, also ein Ego, zu sein, getrennt vom Göttlichen und von anderen Wesen, löst sich dann im universellen Bewusstsein auf, das Ego erlischt.

→ Diese vollständige Hingabe ist das Thema von Kapitel 1 in Band V; Info siehe Seite 236

* * *

Worin genau besteht der Unterschied zwischen „Ego loswerden" und „Ego verwandeln"?
Loswerden sollen wir die hinderlichen Ausprägungen des Ego (siehe Punkt A der vorangehenden Antwort), daran führt kein Weg vorbei. Solange noch Hochmut, Zorn, Angst, Egoismus und mehr in uns wirken, sind wir vom göttlichen

→ Diese Unterscheidung mache ich auf Seite 21

→ Vergleiche
Aufgabe zur
Selbstverände-
rung von Kapitel 3
in Band II; Info
Seite 234

→ Vergleiche
Seiten 24ff.

→ Seiten 55ff.

Bewusstsein getrennt. Das ist also die eine Seite, wobei wir auch bei diesen Eigenschaften nicht dagegen ankämpfen dürfen, vielmehr sollen wir sie durch die positiven ersetzen. Unter Verwandeln ist einerseits das zu verstehen, was ich auf Seite 30 unter „Inneres Wesen" erläutert habe. Ferner grundlegende Wandlungen des Bewusstseins:

• unser Ego-Bewusstsein in das höhere Bewusstsein,
• die Illusion, vom Göttlichen getrennt zu sein, in die Wirklichkeit des höheren Selbst,
• unser Empfinden, ein individuelles, von anderen getrenntes Ego zu sein, in die Wahrheit der Einheit aller Wesen,
• die Irrmeinung, der Handelnde zu sein, in die Erkenntnis, dass es die universelle Natur ist, die wirkt,
• die Unwissenheit oder das Halbwissen in das All-Wissen,
• die unvollkommene, begrenzte Liebe in reine Liebe
• und andere mehr.

Diese Wandlung findet zuerst auf der Erkenntnisebene statt, auf der wir es mental *wissen*, und erst nach und nach auf der Seinsebene, auf der wir es *sind*.

Die Verwandlung des Ego hat den Sinn, uns unvollkommene, mechanisch getriebene Werkzeuge im Wirken der Natur zu leuchtenden Zentren des Einen, zu bewussten, perfekten Instrumenten des Göttlichen zu machen; dies geschieht durch die bedingungslose Hingabe unseres Willens und all unseres Seins an das Göttliche.

Aspekte der Verwandlung von Gedanken und Emotionen erläutere ich im nächsten Kapitel.

*   *   *

Wie schaffen wir es, den Kampf gegen das Ego nicht als zermürbend zu empfinden, wenn wir keine Fortschritte sehen oder wenn alte Fehler, von denen wir meinten, sie losgeworden zu sein, wieder zurückkommen?
Denken wir nicht so viel an das Ego! Wie in der Antwort auf Seite 35 erläutert, ist zwar auch Schritt A unerlässlich, doch Schritt B ist der wirksamere. Das Hinschauen auf unsere egoischen Verhaltensweisen und ein klares „Nein! Das will ich nicht mehr tun!" sind richtig und wichtig. Doch uns fortwährend in Gedanken damit beschäftigen, was wir alles

falsch machen, und enttäuscht, frustriert, entmutigt, voller Selbstmitleid sein, nützt nichts – denn auch diese Verhaltensweisen gehören zum Ego.

Bitten wir stattdessen um höhere Führung, um Kraft, öffnen wir uns dem Göttlichen, sehnen wir uns nach ihm, bekunden wir „Ich will nur dich!", konzentrieren wir uns auf die Seele – das hilft weit mehr.

* * *

Wenn wir im Partner die „Zwillingsseele" gefunden haben, ist das ein erster Schritt zur Einheit mit einem anderen Wesen und somit dann später auch mit allen Wesen und dem Göttlichen?

Wie ich immer wieder betone: Es gibt für den spirituellen Weg keine fixen Regeln und Gesetzmäßigkeiten, vielmehr gibt es so viele Wege zum Göttlichen, wie es Menschen gibt. Deshalb ist es möglich, dass wir das Bewusstsein der Einheit allen Existierenden über die Vereinigung mit einem ersten menschlichen Wesen erlangen; ebenso kann es zu einer spontanen, plötzlichen „Erleuchtung" kommen, bei der wir die Einheit mit allem fühlen; oder es erfolgt die Gottesverwirklichung mit dem transzendenten Absoluten, in dem wir sozusagen erlöschen, ohne dabei die Einheit mit der Schöpfung zu erfahren; und unendlich viele andere Möglichkeiten.

Es gilt allerdings zu bedenken, dass solange wir diese Erleuchtung, oder wie wir es auch nennen, nicht erlangt haben, das Ego immer noch aktiv ist und das Verlangen nach Einheit für seine egoischen Zwecke missbraucht. Halten wir die Suche nach Nähe zu einem geliebten Menschen und den Wunsch nach der Vereinigung mit ihm für die Sehnsucht der Seele nach der Einheit im Göttlichen, so unterliegen wir einer Fehldeutung, ja einer Täuschung. Das Ego benutzt diese Sehnsucht nämlich für seine Sucht nach Lust und Genuss, nach Leidenschaft und Aktivität, und versucht, diese zu stillen, indem es sich mit anderen Egos verbindet; dabei macht es uns glauben, es ginge um Höheres, um hehre Motive, um tiefe Wahrheiten, etwa um die Paarung mit einer Zwillingsseele oder, wie es Platon im „Symposion"

→ Platon erzählt das Gleichnis der Kugelmenschen, die in zwei Hälften geteilt wurden und deshalb zeitlebens die andere Hälfte vermissen.

→ Vergleiche Kapitel 4 in Band III; Info siehe Seite 235

ausdrückt, mit der „eigenen anderen Hälfte". Tatsächlich geht es dem Ego aber nur um die Befriedigung seiner Triebe.

Sri Aurobindo sagte: „Die innere Einsamkeit kann nur durch die innere Erfahrung der Einheit mit dem Göttlichen geheilt werden; keine menschliche Beziehung kann diese Leere füllen."

Die Befürchtung, vom Ego in die Irre geführt zu werden, darf uns indes nicht davon abhalten, unsere Erfahrungen mit einem Partner zu machen und uns am gegenseitigen Verständnis und der Innigkeit zu erfreuen. Wir sollten dabei bloß ehrlich mit uns selbst sein, das Ego und was es uns vorgaukelt entlarven, damit es uns nicht egoische Motive für edle Wahrheiten verkaufen kann.

* * *

→ Vergleiche Seiten 23/24

Wie kann es sein, dass wir uns zuweilen sehr intensiv als ein Selbst empfinden, wenn es doch nur das Ego ist, ein Gebilde der unpersönlichen Natur?

Weil die Schöpfung die Welt der Unwissenheit ist, worin sich das All-Wissen, das Göttliche, sozusagen verborgen hat und für uns nicht ohne Weiteres wahrnehmbar ist. Ich gebe ein naturwissenschaftliches Beispiel. Wir sehen zwar Materie in verschiedenen Formen, etwa als Haus, Pflanze, Tier, Stein, menschliche Körper, in Wirklichkeit besteht jedoch alles aus den gleichen winzigen Bausteinen in unterschiedlicher Zusammensetzung: Früher meinte man, es seien dies Elektron, Proton und Neutron, heute weiß man, dass auch diese wiederum aus noch kleineren Teilchen bestehen.

Spirituell wie physikalisch gesehen ist die Welt also nicht, was sie scheint. Wir erkennen jeweils Halbwahrheiten, Schatten, verzerrte Spiegelbilder oder optische Täuschungen, wie wir diese auch nennen wollen. Ebenso wie wir ein Haus sehen und nicht seine atomaren Bestandteile, so nehmen wir anstelle des inneren Bewusstseins und der Seele das oberflächliche Ego-Bewusstsein wahr und identifizieren uns mit ihm.

→ Vergleiche Platons Höhlengleichnis in Kapitel 2, Seiten 60/61

Das Ego ist eine Bildung der universellen Natur; während das Wirken beim Tier fast völlig mechanisch geschieht, nimmt beim Menschen die Seele mehr und mehr aktiv daran teil, was uns den irreführenden Eindruck einer gewissen Willensfreiheit, Selbstbestimmung und eben dieses Ich-Empfindens verleiht.

In Wirklichkeit ist es aber nicht das Ego, das denkt, sondern das Denken findet in ihm statt, nicht das Ego, das fühlt, sondern Empfindungen finden in ihm statt, nicht das Ego, das handelt, sondern Handlung findet durch es statt. Das Ego ist wie eine Welle im Meer der wirkenden Natur: Nicht die Welle bestimmt über ihre Bewegung, vielmehr wird sie von ihr bestimmt.

Die Welt ist nicht, was sie scheint. Eine optische Täuschung ist beispielsweise auch jedes Foto auf dem Bildschirm: Es ist keine Landschaft, sondern nur eine Ansammlung jeweils einfarbiger Quadrate (Pixel). Analog bei gedruckten bunten Bildern: Sie bestehen aus winzigen Kreisen in lediglich vier Grundfarben (Punktraster).

Abschließend nochmals die Kernaussage: Wir unterliegen einer Täuschung in Bezug auf das, was unsere Sinne wahrnehmen, sowohl physikalisch als auch spirituell. Wir sehen Dinge, es ist jedoch nur eine Ansammlung winzigster Teilchen; wir nehmen uns als Ego wahr, sind aber Seele. Es ist allerdings nicht einfach, sich der täuschenden Illusion zu entziehen, sie wirkt auf unseren begrenzten Verstand so echt!

*   *   *

Wenden wir uns der Spiritualität zu, entstehen nicht selten Konflikte mit Freunden und Bekannten, sogar innerhalb der Familie, und wir können beobachten, wie ihr Ego besonders heftig auf uns reagiert. Warum ist es so und wie sollen wir damit umgehen?

Diese Erfahrung wird recht häufig gemacht, vor allem zu Beginn des spirituellen Weges. Dafür gibt es mehrere Ursachen.

• Die Spiritualität ist nicht einfach ein Hobby, das man teilen kann oder nicht, die Spiritualität polarisiert. Wie Jesus sagte: „Wer nicht mit mir ist, der ist gegen mich, und wer nicht mit mir sammelt, der zerstreut." Es gibt viele Menschen, denen sich die Nackenhaare sträuben, sobald es um Religion, Mystik, Esoterik, Parapsychologie und Ähnliches geht, sei es weil sie der traditionellen Religion und der Kirche den Rücken gekehrt haben und von allem Spirituellen nichts mehr wissen wollen – wobei hier meistens Dinge vermischt, verwechselt oder in den gleichen Topf geworfen werden –, sei es dass sie zu nüchtern oder zu wissenschaftsgläubig sind, um etwas Nichtbewiesenes zu akzeptieren.

→ Matthäus 12,30

• Besonders in der anfänglichen Begeisterung, unseren Weg gefunden zu haben, neigen wir, also unser Ego, dazu, darüber zu reden, und dies nicht immer frei von Hochmut. Oft wollen wir auch bekehren, wenn meistens auch aus edlen Motiven, und die Mitmenschen an unserem Leben und der neu entdeckten Leichtigkeit teilhaben lassen. Dabei wirken wir auf andere schnell einmal fanatisch oder gar „durchgeknallt", sie halten uns für naiv, wenn nicht für dumm. Zuweilen nerven wir sie auch mit gewissen Überzeugungen, wie Vegetarismus, Alkoholabstinenz oder schon nur mit unserem zur Schau gestellten Gleichmut.

• Je mehr wir uns dem Göttlichen nähern, umso mehr lassen wir Oberflächliches los, es fällt uns schwer, über Banales zu reden und Vergnügen nachzujagen, weshalb wir für manche Menschen als Kumpel nicht mehr interessant sind. Mehr noch: Die anderen wissen in ihrem Innersten, dass ihr von Lust und Unlust gesteuertes Leben nicht das echte ist, wollen es jedoch nicht aufgeben und bekämpfen darum unsere Lebensweise umso heftiger – führen wir ihnen die Wahrheit doch ständig vor Augen.

• Die häufigste Ursache für Konflikte liegt jedoch darin, dass wir wegen unserer Veränderung für die anderen Egos nicht mehr so leicht zu handhaben sind: Wir trauen uns vermehrt, unsere Meinung und Nein zu sagen, sind kaum noch empfänglich für Beeinflussung und Manipulation, geben fremden Wünschen seltener nach – kurz, wir sind eigenständiger, weniger abhängig von der Anerkennung und dem Urteil anderer und lassen uns nicht mehr fremdbestimmen. Die Menschen, also die Egos, die uns vor unserer Wandlung anders kannten, reagieren darauf mit Verdruss, und nicht selten zerbrechen daran sogar langjährige Freundschaften, Freundschaften allerdings, die diesen Namen natürlich nicht verdienen.

Wie gehen wir nun mit solchen Menschen um? Dieses Problem entsteht nicht nur im Bereich der Spiritualität: Wir erleben immer wieder, wie wir mit Freunden und Bekannten nichts mehr gemein haben, man hat sich auseinandergelebt, wie man so schön sagt.

Die goldene Regel lautet: in uns spüren, ob wir die Beziehung fortführen oder beenden möchten. Dabei ist Ehrlichkeit uns selbst gegenüber äußerst wichtig und wir dürfen nicht zulassen, dass die Angst, allein zu sein oder zu verletzen oder Vorteile zu verlieren, unsere Entscheidung beeinflusst. Unseren Entschluss teilen wir dem anderen dann klar mit, respektvoll und feinfühlig, aber ohne Lüge, und warten keinesfalls darauf, bis er es aus unserem Verhalten selbst merkt und uns meidet oder, weil er mutiger ist, uns bei diesem Schritt zuvorkommt.

Wollen wir die Freundschaft hingegen erhalten, so lassen sich die Konflikte oft lösen oder mildern, indem wir diesen Menschen mit Liebe begegnen. Versuchen wir, sie zu verstehen, wirklich tief in uns drinnen zu verstehen, sehen wir in ihnen das verletzte Kind und die göttliche Seele. Zudem können wir, was die Spiritualität betrifft, etwas Zurückhaltung üben: Wir brauchen solche Themen nicht von uns aus aufzugreifen und dürfen auch einfach schweigen; zudem sollten wir nicht ein betont spirituelles Verhalten an den Tag legen. Allerdings müssen wir dabei uns selbst treu bleiben, uns nicht verleugnen; denken wir immer daran, dass wir es mit Egos zu tun haben, denen es nicht schadet, mit ihren egoischen Eigenschaften konfrontiert zu werden. In diesem Sinne kommen wir manchmal nicht umhin, einen schweren Konflikt in Kauf zu nehmen, sogar innerhalb der Familie, und dürfen niemals Angst davor haben, jemanden zu verletzen, zu verlieren, allein dazustehen, missverstanden und verurteilt zu werden. Selbst wenn sich später herausstellt, dass wir im Unrecht waren: Erst die Erfahrung hat uns gelehrt. Und eine aufrichtige Entschuldigung wird die Wogen wieder glätten.

Grundsätzlich sind gute Beziehungen auch zwischen spirituellen und nichtspirituellen Menschen problemlos möglich, sofern andere Gemeinsamkeiten sie tragen und Liebe und Achtung herrschen. Wichtig ist, sein Gegenüber anzunehmen, wie es ist, also auch zu akzeptieren, dass es eine andere Lebenseinstellung, andere Wertmaßstäbe, andere Ziele hat und sich anders verhält. Solch ungleiche Freundschaften sind sogar äußerst bereichernd, weil sie uns Toleranz und Gleichmut lehren, uns neue Sichtweisen vor Augen führen, die vielleicht gar nicht so falsch sind, und ganz besonders weil alles, was uns am Andersartigen missfällt, uns aufregt oder ärgert, ebenfalls irgendwo in unserem Unbewussten lauert.

→ Vergleiche Kapitel 4 in Band II über den Schatten nach C.G. Jung; Info siehe Seite 234

Die heuchlerische Nachsicht, die Rücksicht auf die Gefühle des anderen und die Scheu, ihn zu kränken oder sich zu entfremden, sind der häufigste Grund für das Hinwegsehen über unrechtes Tun, und gar oft flüstert der Teufel dem Einfältigen dabei ein, er betrachte die Menschen mit dem Auge der Barmherzigkeit.
Al Ghazali

[Es spricht Krishna:] Durch diese drei Formen des Werdens, die aus der Art der Gunas sind, wird diese ganze Welt verwirrt und erkennt mich nicht, der ich erhaben und unvergänglich jenseits von ihnen bin. Das ist meine göttliche Maya der Gunas und sie ist schwer zu überwinden; jenseits von ihr gelangen jene, die meine Nähe suchen.
Bhagavadgita VII, 13 f.

Die Menschen sagen und denken „Für mein Land!", „Für die Menschheit!", „Für die Welt!"; in Wirklichkeit aber meinen sie „Für mich innerhalb meines Landes!", „Für mich innerhalb der Menschheit!", „Für mich als Abbild der Welt!". Das mag eine Erweiterung darstellen, aber es ist nicht wahre Freiheit: Frei herumzulaufen oder sich in einem relativ freien Gefängnis zu befinden, ist nicht das Gleiche.
Sri Aurobindo

Ich habe gesehen, dass alle Funken vom hohen Funken entspringen, verborgen von allem Verborgenen. Sie alle sind Ebenen der Erleuchtung. Im Licht jeder Ebene wird enthüllt, was enthüllt wird. Alle diese Lichter sind miteinander verbunden: dieses Licht mit jenem, jenes Licht mit diesem, eines scheint in das andere, eines untrennbar vom anderen.
Sohar

Jünger: „Wenn ich das Ich aufgebe, bleibt nichts übrig."
Ramakrishna: „Ich fordere dich nicht auf, das ganze Ich aufzugeben. Du musst nur das unreife Ich aufgeben. Dieses unreife Ich lässt dich fühlen: 'Ich bin der Handelnde. Das sind meine Frau und meine Kinder. Ich bin ein Lehrer.' Verzichte auf dieses unreife Ich und behalte das reife Ich. Dieses wird dich fühlen lassen, dass du Gottes Diener bist, sein Verehrer, und dass Gott der Handelnde ist und du sein Werkzeug bist."
Zitiert aus Mahendra Nath Gupta

✧ Das Ego ist ein Gebilde der Natur, das ich irrtümlicherweise für mein wahres Selbst halte. Es war wichtig für die Evolution; auf dem spirituellen Weg muss es jedoch überwunden werden.

✧ Die verschiedenen Wirkprinzipien im Ego, nämlich Unwissenheit und Trägheit, Tatkraft und Leidenschaft, Weisheit und Tugend, stehen oft widersprüchlich zueinander; das Gleiche gilt für die Bestandteile des Ego (Körperliches, Vitales, Mentales). Ich kann in mir spüren, welches im Moment vorherrscht, und versuchen, es für den spirituellen Weg zu verwandeln.

✧ Es ist mein Ego, das sich sorgt und leidet und der Illusion verfällt, einen freien Willen zu haben. Die Seele kennt nur den göttlichen Willen und die immerwährende Glückseligkeit.

✧ Ich kann meine niedrigen Eigenschaften in die entsprechenden höheren verwandeln. Das Ego überwinden bedeutet, die Dualität überwinden und zur Einheit mit dem Göttlichen zurückfinden.

✧ Mich von anderen Egos abzugrenzen, ist nötig und richtig; die Einheit im Göttlichen mit Egos zu suchen, ist ein Irrtum, der auf den Trieben des Vitalen beruht.

◆ Habe ich Mühe mit der Vorstellung, dass das, was ich als Ich empfinde, nichts Beständiges ist und bloß aus dem Wirken der Natur entsteht?

◆ Befürchte ich, mich zu verlieren oder meine Existenz aufzugeben, wenn ich mein Ego loslasse?

◆ Kämpfe ich gegen Eigenschaften meines Ego an, anstatt sie in die höheren, reinen zu verwandeln?

◆ Bin ich blind für die List des Ego und/oder lasse ich mich gerne von ihm verführen?

◆ Setze ich meine egoischen Kräfte für weltliche Ziele ein, anstatt sie zum Göttlichen hinzuwenden?

◆ Suche ich die Einheit mit Menschen zu erlangen anstatt nur mit dem Göttlichen?

AUFGABE ZUR SELBSTVERÄNDERUNG

Entwicklungsziel

Ich beobachte die Elemente meines Ego und versuche jeweils zu erkennen, welches – Körperliches, Vitales, Mentales – gerade aktiv ist und dominiert; dabei mache ich mir bewusst, dass es die wirkende Natur ist, die denkt, fühlt, handelt.
Dann bemühe ich mich, das jeweilige Element in mir für den spirituellen Weg zu verwandeln.

→ Bitte beachte „Tipps zum Umgang mit der Sonnwandeln-Reihe" auf Seite 17

Auf welchem egoischen Element etwas beruht, ist in der äußeren Erscheinungsform nicht offensichtlich. Es ist aber wichtig zu erkennen, woher eine Regung, ein Gedanke, eine Empfindung, eine Handlung stammt, um mit dem jeweiligen Ego-Element entsprechend umgehen zu können.

Aufgabe: Selbstbeobachtung/Innenschau
• Während Gedanken oder Empfindungen in mir ablaufen oder während einer Tat, spüre ich manchmal gleichzeitig eine Art unangenehme Empfindung, einen Augenblick des Unwohlseins, des Zweifels an der Richtigkeit, etwas Bremsendes oder (An)treibendes, (Be)drängendes, … Es ist die Stimme der Seele, die mir abraten will von dem, was ich gerade denke, fühle oder tue. Ich halte sofort inne, lasse Gedanken und Empfindungen nicht mehr zu, horche in mich hinein und versuche zu erkennen, ob es das Körperliche, das Vitale oder das Mentale war, das entgegen meiner Seele in mir zu wirken versuchte. Ich erinnere mich an die Tabelle auf den Seiten 26/27, die ich mir vorher eingeprägt habe.

→ Vergleiche Kapitel 6 von Band I über die Innere Stimme; Info Seite 233

• Bei bereits erfolgten Gedanken, Empfindungen, Handlungen, von denen ich nachträglich spüre, dass sie nicht richtig waren, ich es in Wahrheit nicht wollte, von etwas in mir dazu getrieben oder gedrängt wurde, ich mich jetzt deswegen unwohl fühle: Ich gehe in mich und versuche zu erkennen, welches Ego-Element am Wirken war. Ich erinnere mich an die Tabelle auf den Seiten 26/27, die ich mir vorher eingeprägt habe.

- Übungshalber bin ich grundsätzlich aufmerksam und wachsam, beobachte ununterbrochen Gedanken und Empfindungen, anstatt sie automatisch und eigenmächtig ablaufen zu lassen, und ich versuche jeweils, sie den einzelnen Ego-Elementen zuzuordnen.

- Habe ich ein Ego-Element als das wirkende erkannt, versuche ich, mit ihm angemessen umzugehen, wie unter „Vertiefende Aspekte" auf Seite 25 und in den Fragen & Antworten auf den Seiten 35 bis 37 beschrieben, insbesondere indem ich mir bewusst mache, dass nicht Ich der Denkende, Fühlende, Handelnde bin; ferner ändere ich meine unrichtigen Gedanken, Emotionen und mein egoisches Verhalten augenblicklich durch eine Willensanstrengung oder nehme mir mit Bestimmtheit vor, es bei der nächsten analogen Situation besser zu machen.

Das hört sich alles komplizierter an, als es ist. Bist du wachsam und ehrlich mit dir selbst, wirst du nach einer Weile des Übens meistens ungefragt spüren, welcher Ego-Teil gerade wirkt. Allerdings: Du musst immer in Betracht ziehen, jeder Gedanke, jede Empfindung, jeder Ansporn oder jedes Zurückhalten könnte auch aus der Seele stammen und mit dem Ego gar nichts zu tun haben. Auf die Unterscheidungsmerkmale zwischen Ego und Seele bin ich ausführlich in Kapitel 6 von Band I zur Inneren Stimme eingegangen und auch in meinem Buch „Karma Yoga". Falls du diese Bücher besitzt, ist es hilfreich, die entsprechenden Passagen nachzulesen. Andernfalls mach dir keine Sorgen und vertraue einfach auf deine Ehrlichkeit dir selbst gegenüber; meistens wissen wir ja ganz genau, wenn es das Ego ist. Lass dich keinesfalls verunsichern, wenn dir die Gewissheit, wer gerade aus dir spricht, noch fehlt: Mit der Zeit wirst du es zweifelsfrei erkennen.

→ Karma Yoga: siehe Glossar Seite 231; Info zu meinem Buch „Karma Yoga" siehe Seite 238

AFFIRMATIONEN

→ Bitte beachte
die detaillierte
Anleitung
auf Seite 220

ICH BIN SEELE, ICH BIN TEIL DES GÖTTLICHEN, ICH BIN DAS GÖTTLICHE.

ICH BIN EINS MIT DEM GÖTTLICHEN.

ICH BIN VOLLER GUTER EIGENSCHAFTEN, ICH LASSE SIE JETZT WIRKEN.

IN MIR IST FRIEDEN UND GLEICHMUT.

ICH BIN BEREITS, WAS ICH WERDEN MÖCHTE.

ALLES IST IN MIR, ICH WILL ES ERKENNEN.

ICH WEITE MEIN BEWUSSTSEIN.

ICH WIDERSTEHE DEN WÜNSCHEN DES EGO.

ICH LASSE DIE TRÄGHEIT LOS.

ICH LASSE DIE LEIDENSCHAFTEN LOS.

ICH LASSE VORGEFASSTE MEINUNGEN LOS.

ICH WIDERSTEHE MUTIG DEM EGO MEINER MITMENSCHEN.

IMAGINATION

- *Diese Übung erfolgt mit offenen Augen.* Ich schaue einen Gegenstand an (Blume, Buch, Tasse, …); es ist nicht wichtig, was ich wähle, jedoch sollte es bewegungslos sein, also nicht etwa eine flackernde Kerze.

→ Bitte beachte die detaillierte Anleitung auf Seiten 221ff.

- Mein Blick ist völlig entspannt, ich kann ihn auch über die verschiedenen Teile des Gegenstands wandern lassen. Ich bin ganz bei diesem Gegenstand, meine Gedanken sind still, ich bin nur noch dort, verschmelze mit dem Gegenstand.
- So verharre ich und vergesse mich selbst. Irgendwann kommt der Moment, in dem ich gewissermaßen eine Grenze überschreite, ich bin plötzlich jenseits, bin nicht mehr *beim* Gegenstand, sondern sozusagen *in ihm, ich bin der Gegenstand*, empfinde ihn von innen. Dadurch erfahre ich ihn und weiß alles von ihm.

Es ist schwierig, diesen angestrebten Zustand mit Worten zu beschreiben, denn es handelt sich dabei nicht mehr um eine Imagination im engeren Sinne, es ist eine reale spirituelle Erfahrung. Das Ziel ist Erkenntnis, absolutes Wissen durch die Identifikation mit dem Objekt: Ich beziehe meine Kenntnis nicht aus der Beobachtung oder durch die anderen Sinne und den Verstand, wie es gewöhnlich geschieht, sondern indem ich mich in den Gegenstand hineinversetze, zum Gegenstand selbst werde.

In der Regel gelingt dieses erstaunliche Erlebnis nicht beim ersten Mal, oft erst nach Monaten, Jahren; doch schon das Üben ist hilfreich für die innere Stille und die Konzentration. Nicht selten stellt sich der Zustand der Einheit mit dem Gegenstand aber schon beim ersten Mal ein – um dann lange, lange nicht wiederzukehren.

Bitte beachte: Das Auftreten mystischer Erfahrungen oder das Erlangen paranormaler Eigenschaften ist kein Maßstab für die spirituelle Entwicklung. Es gibt Hellsichtige, Astralreisende und andere Menschen mit übernatürlichen Fähigkeiten, die stark im Ego verhaftet und dem Göttlichen weniger nahe sind als andere, die keine okkulten Kräfte besitzen, dafür über die Fähigkeit zur Hingabe an das Göttliche, Urvertrauen und Gleichmut verfügen.

→ Bitte beachte
die detaillierte
Anleitung auf
Seiten 224ff.

Haupt-Blüten

Seelenzustand	Nr.
Ich bin mit meinen Lieben zu stark verbunden, überfürsorglich (erweitertes Ego).	25
Ich bin leicht entmutigt, gebe schnell auf.	12
Ich bin stark selbstbezogen und/oder habe das Bedürfnis, ständig über mich zu reden.	14
Ich bin schüchtern, ängstlich.	20
Ich habe starre Ansichten und/oder bin ein Perfektionist, übe zu strenge Selbstdisziplin.	27

Gewählte Blüten:

☐ ☐ ☐ ☐ ☐

Zusatz-Blüten

Seelenzustand	Nr.
Ich bin übermotiviert, wenn ich ein Ziel habe.	31
Ich lasse mich von anderen ausnutzen, kann mich schlecht abgrenzen.	4
Ich lerne zu wenig aus meinen Erfahrungen.	7
Mein Ego ist den Mitmenschen gegenüber sehr stark, ich bin eine beherrschende Persönlichkeit.	32

Gewählte Blüten:

☐ ☐ ☐ ☐

Empfohlener Heilstein: Lapislazuli

→ Bitte beachte die detaillierte Anleitung auf Seite 227

Wirkung

Der Lapislazuli ist der Stein für das spirituelle Wachstum, er öffnet das Bewusstsein, bringt uns der Seele näher, fördert mystische Erfahrungen (besonders beim Meditieren).
Je dunkler der Lapislazuli, desto stärker seine Wirkung.

Anwendung

Auf dem Körper tragen.

Reinigen und Aufladen

Einmal pro Monat in einer Schale mit Hämatit-Trommelsteinen entladen; in einer Bergkristallgruppe aufladen. Nicht in der Sonne aufladen, sie macht den Stein brüchig.

Nachdem du eine Weile – in der Regel mehrere Wochen – in deinem All-
tag zum Thema dieses Kapitels an dir gearbeitet hast, blickst du kurz
zurück und schaust, wo du stehst. Kreuze bei den untenstehenden Aus-
sagen an, was auf dich zutrifft. Sei ehrlich zu dir selbst, ohne falsche
Bescheidenheit und ohne Selbstvorwürfe oder Entmutigung – es ist nur
eine Bestandesaufnahme, ohne Wertung, um zu erkennen, in welchem
Bereich du dich noch bemühen kannst... damit du wirst, was du bereits
bist.

Lernziele dieses Kapitels Erreicht:	Ja	Nein
Es ist mir immer wieder einmal gelungen zu unterscheiden, welches Wirkprinzip der Natur oder welcher Bestandteil des Ego gerade in mir vorherrscht.	☐	☐
Mich von anderen Egos abzugrenzen und ungesunde Beziehungen aufzugeben, fällt mir je länger je leichter.	☐	☐
Ich habe keine Angst mehr, mich zu verlieren, wenn ich mein Ego loslasse.	☐	☐
Ich bin weniger blind für die List des Ego und lasse mich nicht mehr widerstandslos verführen.	☐	☐
Meistens erkenne ich jetzt mein vermeintlich altruistisches Handeln als erweitertes Kollektiv-Ego.	☐	☐
Ich halte mich nicht mehr so oft zurück aus Angst, die Mitmenschen zu verletzen.	☐	☐

Es ist mir recht gut gelungen, die folgenden egoischen
Eigenschaften in die entsprechenden höheren zu verwandeln:

....

....

....

....

....

Mein weiterer Entwicklungsschritt

Notiere jetzt eine Einsicht/Herausforderung/Aufgabe, an der du arbeiten willst – aber nur eine!

Dann prägst du sie dir gut ein, bittest das Göttliche, dich dabei zu führen und dein Bemühen zu fördern, und lässt sie los. Du kannst jetzt mit dem nächsten Kapitel und dessen Aufgaben weiterfahren.

Den Entwicklungsschritt, den du hier aufgeschrieben hast, darfst du von Zeit zu Zeit nachlesen, gewissermaßen zur Erinnerung, aber beschäftige dich gedanklich nicht mehr damit. Den Impuls hast du nämlich gesetzt – überlass es dem Göttlichen, ihn so umzusetzen, wie es für dich gut ist.

....

....

....

....

....

....

....

....

....

....

....

....

....

....

....

Durch das Denken und das Fühlen finden wir unseren Weg im Dschungel des Lebens nicht. Einzig das Licht unserer Seele kann uns zuverlässig leiten.

2. Denken und Fühlen

Themen dieses Kapitels
• Die Wechselwirkung zwischen Denken und Fühlen • Intuitionen und höhere Wahrheiten von außen • Denken, Fühlen und das Unbewusste • Das Denken macht uns zu denkenden Tieren, nicht zu spirituellen Wesen • Aus den im Gehirn gespeicherten Informationen entsteht nichts Neues • Worauf sollen wir unsere Entscheidungen gründen, wenn weder das Denken noch das Fühlen uns helfen? • Vergangenheit und Zukunft in Gedanken und Emotionen

Entwicklungsziel
Ich erkenne, dass Gedanken und Empfindungen nicht zu mir gehören, sondern in mir stattfinden, und nicht der absoluten Wahrheit entspringen.
Ich übe und lerne, die Gedanken und Empfindungen, die in mich eindringen, wahrzunehmen und die unerwünschten aus mir hinauszuwerfen.

Im vorangehenden Kapitel habe ich das Denken und das Fühlen als Wirken der Gunas (Sattwa und Rajas) und als Bestandteile des Ego (Mentales und Vitales) dargestellt. Nun will ich diese beiden wichtigen Aspekte von einer konkreteren, praktischeren Seite beleuchten, die es uns auch ermöglicht, daran zu arbeiten.

Denken und Fühlen

„Zuerst denken, dann handeln", „Was hast du dir bloß dabei gedacht?", „Denk doch mal ein bisschen nach!": Das Denken prägt unser Leben, und die meisten Menschen vertrauen ihrem Denken mehr als ihrem Fühlen und anderen Wahrnehmungen, oder wagen es zumindest nicht, *ohne* zu denken wichtige Entscheidungen zu treffen oder Schritte zu unternehmen.

Warum lehren uns aber die Religionen, durch Meditation und andere Praktiken das Denken zum Verstummen zu bringen? Warum erwächst uns aus der Stille im Kopf so viel Klarheit, Frieden, Gelassenheit? Vielleicht weil die Quelle der Wahrheit und der weisen Unterscheidung nicht das Gehirn ist und dieses Organ nur als ihr Instrument dient, um uns am universellen Wissen teilhaben zu lassen. Solange wir unsere vernetzten Neuronen benutzen und somit → Siehe Seiten 69/70 gespeicherte Inhalte, also was wir bereits gelernt und erfahren haben, lediglich unterschiedlich kombinieren, bewegt sich unser Denken im geschlossenen Kreis der darin enthaltenen Informationen und es entsteht kein *neues* Wissen in uns. Die vermeintlich neuen Erkenntnisse sind ohnehin nicht zuverlässig, denn wir wissen nicht, ob alles, was ihnen zugrunde liegt, wahr ist.

→ Vergleiche Seite 70 Viele Entscheidungen treffen wir allerdings rein emotional, ohne uns dessen bewusst zu sein, und benutzen den Verstand nur, um sie rational zu begründen und zu rechtfertigen. Wir meinen dabei, über etwas nachgedacht und dann entschieden zu haben, in Wirklichkeit war es umgekehrt: Die Entscheidung war bereits in uns gefällt, oder zumindest im Unbewussten vorprogrammiert, und der Verstand liefert uns lediglich noch die Argumente dazu.

Immerhin können wir durch logische Schlussfolgerungen Einsichten gewinnen, und das ist durchaus sinnvoll und nützlich. Nur müssen wir uns stets bewusst sein, dass es nicht unbedingt etwas Richtiges und nichts grundlegend Neues ist. Erst wenn das Gehirn schweigt, können Intuitionen und höhere Wahrheiten von außen in uns eintreten. → Siehe Seiten 60ff. Allerdings ist auch das, was wir Fühlen oder Spüren oder „aus dem Bauch" nennen, nicht verlässlicher als das Denken, denn diese Wahrnehmungen werden aus dem Vitalen und aus dem Unbewussten generiert.

Die Wechselwirkung von Denken und Fühlen

Denken und Fühlen wirken generell zusammen, auch wenn wir im Allgemeinen dazu neigen, die beiden als getrennt und voneinander unabhängig zu betrachten. Unser Fühlen bedingt nämlich unser Denken und das Denken das Fühlen. Sie stehen also in einer Wechselwirkung und treiben einander oft in einer Spirale an: Die Gedanken kreisen unaufhörlich, parallel laufen unsere Empfindungen ab, die wiederum Gedanken fördern, und das Ganze nimmt eine Eigendynamik an. Das geschieht sowohl bei sogenannt positiven Gefühlen, beispielsweise neuer Verliebtheit oder Aussichten auf einen guten Job, eine schöne Wohnung, als auch bei negativen wie Eifersucht, Demütigung oder Verletzung. Irgendwann, nach Minuten, Stunden oder gar Tagen, wenn der Kreislauf sich erschöpft hat oder unterbrochen wurde, stellen wir oft fest, dass wir uns durch das Denken und das Fühlen in etwas eingelassen haben, das mit der Wirklichkeit der Situation nur wenig oder gar nichts zu tun hat. → Siehe Seite 59

Das Vitale benutzt das Mentale auch gerne zur Rechtfertigung seiner egoischen Triebe und Wünsche und geht dabei äußerst listig vor, nach dem Motto: Man kann immer alles drehen und wenden, damit es passt.

Das Denken in der Zeit

Der größte Nachteil des Denkens liegt darin, dass wir mithilfe von Erinnerungen zurück in die Vergangenheit und dank der Vorstellungskraft vorwärts in die Zukunft wandern können. So schleppen wir einerseits immer einen Rucksack voller überholter gestriger Dinge mit uns herum, der die Reise beschwerlich macht, andererseits schweben wir in fantastischen oder albtraumähnlichen Luftschlössern in einem ungewissen Morgen. Das hindert uns daran, im Jetzt zu leben – obwohl die Gegenwart doch die einzige Realität ist! Sie dauert den Bruchteil einer Sekunde und schon ist sie vorbei...

Weilen wir mit den Gedanken in der Vergangenheit, so wecken wir auch die Emotionen der Vergangenheit wieder auf: Das ist völlig überflüssig und schädlich, denn das Leben ist in stetigem Fluss, alles verändert sich von Augenblick zu Augenblick – was gestern richtig war, kann heute falsch sein, was gestern geschehen ist, existiert heute nicht mehr, was wir gestern empfunden haben, entbehrt heute der Grundlage.

Richten wir die Gedanken und Gefühle in die Zukunft, erliegen wir der Illusion, wir hätten unser Leben in der Hand, könnten uns etwas ausdenken und planen. Doch unser ist das Handeln, im Hier und Jetzt, die Früchte daraus gehören dem Göttlichen – das sie nach eigenen Maßstäben verteilt und nicht nach unseren Wünschen und unserer Planung, nicht einmal nach der menschlichen Vorstellung von Gerechtigkeit.

Im wahrsten Sinne des Wortes in der Gegenwart zu leben, bewahrt uns vor all dem unnötigen Leiden, dessen Ursachen bereits in der Vergangenheit liegen oder in einer unbestimmten, unberechenbaren Zukunft.

→ Vergleiche Kapitel 3 und 4 aus Band I; Info Seite 233

VERTIEFENDE ASPEKTE

Die Wechselwirkung zwischen Denken und Fühlen

Wie in „Einführende Gedanken" erwähnt, wirken Denken und Fühlen oft zusammen. Das lässt sich an einigen einfachen Beispielen anschaulich darstellen. → Seite 57

• Jemand sagt oder tut etwas, wodurch wir uns verletzt fühlen, aber wir reagieren nicht sofort und stellen ihn nicht gleich zur Rede. Dafür setzt danach unser Denken ein: Wir überlegen, was wir ihm hätten sagen sollen, vielleicht holen wir auch frühere Verletzungen ins Gedächtnis, erwägen unser künftiges Verhalten diesem Menschen gegenüber, ... Jedenfalls rufen unsere Gedanken in uns Gefühle von Trauer, Wut, Selbstzweifel und mehr hervor; diese wiederum spornen die Gedanken weiter an und lassen sie unaufhörlich um das Erlebte kreisen.

Wir könnten und sollten hingegen ganz anders reagieren: Wir denken darüber nach, *warum* dieser Mensch es gesagt oder getan hat, und kommen entweder zum Schluss, dass seine Aussage oder Handlungsweise korrekt war oder dass er es wohl nicht so gemeint hat und wir etwas falsch verstanden haben oder dass er nicht recht hat. In allen Fällen haben wir keinen Grund, uns verletzt zu fühlen und weisen diese Empfindung von uns; Verständnis und Sympathie kehren zurück. → Viele Verletzungen beruhen auf mangelndem Selbstwertgefühl, was ich in meinen beiden Büchern zur Selbstliebe ausführlich darlege; Info siehe Seite 237

• Wir haben etwas gesagt oder getan, was wir im Nachhinein bereuen, weil wir es nicht für richtig halten: Wir fühlen uns schuldig, machen uns Selbstvorwürfe. In Gedanken erleben wir die Situation immer wieder, auch nach Stunden oder Tagen, und die Erinnerung ruft jedes Mal die gleichen selbstanklagenden Gefühle zurück.

• Wir sind in ein Fettnäpfchen getreten, wurden bei einer Lüge entlarvt, man hat uns aus irgendeinem Grund berechtigte Vorwürfe gemacht oder andere ähnliche Situationen: Wir fühlen uns ertappt oder schuldig, es ist uns peinlich; auch solche Begebenheiten drängen sich ungefragt immer wieder in die Erinnerung und rufen die gleichen schmerzlichen Gefühle hervor, die wir in der betreffenden Situation empfunden haben.

• Wir möchten mit jemandem über etwas uns Unangenehmes sprechen: Wir denken uns aus, wie diese Unterhaltung ablaufen könnte („Ich sage das, dann antwortet der andere jenes, worauf ich erwidere …"). Gleichzeitig kommen die Emotionen in uns auf, die uns dazu bewegen, das Gespräch zu suchen, je nach Ursache sind es Empörung, Wut, Verzweiflung, Traurigkeit, Demütigung, und gewissermaßen als Vorwegnahme zudem bereits die Empfindungen, von denen wir annehmen, wir würden sie dann bei der tatsächlichen Unterhaltung spüren.

Alle diese Gedanken und Gefühle sind absolut überflüssig: Sie beziehen sich auf Vergangenes oder Künftiges, auf Ereignisse, die nicht in der Gegenwart liegen.

Es ist zwar richtig, aus unseren Erfahrungen zu lernen – dazu müssen wir sie zuweilen analysieren, wird die Einsicht uns nicht unmittelbar geschenkt. Doch wir sollten es immer emotionslos tun, mit Abstand und Nüchternheit, als beträfe es einen Außenstehenden.

Ganz besonders wenn wir meinen, etwas falsch gemacht zu haben und uns schuldig fühlen, wälzen wir diese Empfindung lange und wiederholt in uns: Damit bestrafen wir uns immer wieder für ein und dasselbe Vergehen (kein Richter darf dies tun!). Es ist unnötig: *Ein Mal* ehrlich erkennen, dass unsere Handlungsweise nicht korrekt war, uns *ein Mal* vornehmen, es bei der nächsten Gelegenheit besser zu machen, *ein Mal* Reue empfinden ist genug.

→ Zum inneren Kodex und der Selbstverurteilung vergleiche Kapitel 5 von Band II; Info Seite 234

* * *

Die Vorstellung, dass Intuitionen und höhere Wahrheiten von außen in uns eintreten und nicht aus uns selbst generiert werden
Dieses Konzept ist sehr alt und wird mithilfe verschiedener Modelle erklärt, von denen ich nur zwei kurz vorstelle.
A. Das älteste schriftlich festgehaltene unseres Kulturkreises ist wohl die *Ideenlehre des griechischen Philosophen Platon* (5./4. Jahrhundert vor Christus). Er ging davon aus, es existiere außer unserer sinnlich wahrnehmbaren Welt eine unsichtbare Welt der Ideen; unter Idee versteht er das

Wahre, Seiende, Unvergängliche und Unveränderliche hinter den Eigenschaften des Wahrnehmbaren. In seinem berühmten Höhlengleichnis wird deutlich, was er genau damit meint. Danach leben wir Menschen wie in einer Höhle festgebunden, sodass wir nur auf die Höhlenwand sehen. Hinter uns brennt ein Feuer; was zwischen dem Feuer und unserem Rücken vorbeigeht, wirft Schatten an die Wand vor uns. Diese, und natürlich unsere eigenen Schatten, sind das einzige, was wir erkennen – das ist unsere Wirklichkeit und wir meinen natürlich, es sei die wahre Welt. Bände man einen Menschen los und zwänge ihn, sich umzudrehen, so wären seine Augen zuerst vom Feuer geblendet, er sähe undeutlicher als vorher und er möchte in seine vermeintliche Wirklichkeit zurück, in der er besser sieht. Führte man diesen Menschen dann sogar aus der Höhle hinaus in das Sonnenlicht, könnte er im ersten Moment gar nichts sehen; doch sobald sich seine Augen an die Helligkeit gewöhnt hätten, würde er alles erkennen, auch die Sonne selbst und wie Schatten durch sie geworfen werden.

Mit diesem Gleichnis will Platon veranschaulichen, dass hinter den sinnlichen Wahrnehmungen eine höhere Wahrheit des reinen Seins liegt (die Welt der Ideen) und wir uns nicht durch die Schatten täuschen lassen, sondern uns dem, was hinter dieser illusorischen Welt liegt, zuwenden sollen.

→ Das Höhlengleichnis umfasst noch weitere Aspekte, die hier nicht unmittelbar relevant sind.

B. Die *hinduistische Lehre von Purusha und Prakriti*: Alles ist eins, das menschliche Individuum ist ein Teil des Göttlichen. Somit haben wir Anteil am All-Wissen – wir brauchen nur darin einzutauchen, uns von ihm durchdringen zu lassen und die göttliche Weisheit strömt als unsichtbare Energie in uns hinein (wie übrigens auch die göttliche Liebe, die göttliche Kraft und mehr).

→ Hinduismus: siehe Glossar Seite 230; ausführlicher habe ich dieses Konzept im vorangehenden Kapitel vorgestellt, Seiten 23ff.

Sri Aurobindo erläutert diese altindische Weisheit auch dahingehend, es gebe eine für uns unsichtbare Dimension des höheren Verstandes, die mit dem begrenzten menschlichen Verstand verbunden ist und ihn nährt.

Eines scheint bei beiden Modellen einleuchtend: Um aus höheren Weisheits- und Wissensquellen zu schöpfen, dürfen wir nicht an unseren vorgefassten Meinungen und Überzeugungen festhalten, nicht an dem hängen, was wir vermeintlich wahrnehmen, und das Denken muss schweigen. Wir sollen gewissermaßen leer werden, damit wir mit Neuem gefüllt werden können. Zu diesem „Leerwerden" gebe ich hier ein eindrückliches Erlebnis einer Bekannten wieder. Sie erzählte es mir vor vielen Jahren und ich schrieb es damals gleich auf. Die Geschichte mag etwas fantastisch klingen und es war für die Frau auch schwierig, Worte zu finden, die verständlich beschreiben, was ihr geschehen ist. Jeder Leser kann seine eigene Erklärung und Interpretation dazu finden – ob es ein Wunder war, eine Erleuchtungserfahrung, Autosuggestion oder bloß ein Hitzschlag.

„Ich war schon seit einigen Jahren auf der Suche nach dem spirituellen Weg, der mich zur Erleuchtung führen würde; ich meditierte regelmäßig, täglich mindestens eine Stunde, und ich las die Bücher großer spirituellen Meister. So hatte ich den Kriya Yoga von Yogananda versucht, die transzendentale Meditation nach Bhagwan und andere Methoden, war aber jedes Mal an einen Punkt gelangt, an dem sich eine Art Stillstand einstellte und ich nicht weiterkam.

Durch eine Freundin entdeckte ich die Schriften von S, einem noch lebenden indischen Guru, und daraus sprach mich etwas an, was ich vorher nicht kannte: Es war eine tiefe Berührung, etwas zwischen den Zeilen, unabhängig vom Text. Ich trat einer Schweizer Gruppe von Anhängern bei, die sich regelmäßig traf, um die Weisheiten des Meisters zu lesen und zu diskutieren. Als eine Reise nach Indien organisiert wurde, schloss ich mich begeistert an.

So hielt ich mich dann im Ashram des Heiligen auf, zusammen mit hunderten anderer Devotees (= Verehrer) aus aller Welt und nahm am täglichen Darshana (= Begegnung mit dem Meister) teil. S pflegte dabei durch die wohlgeordneten Reihen seiner am Boden sitzenden Jünger zu schreiten, während er sprach. Einmal kam er direkt bei mir vorbei; ich beugte mich vor und berührte seine Füße. Ich weiß nicht mehr, was ich mir dabei dachte; später kam mir dann die Geschichte aus dem Evangelium in den Sinn, als eine Frau Jesus' Rock berührte im Glauben, dadurch würde sie geheilt.

S blieb stehen, schaute mich an und legte mir einen Finger auf die Stirn, an die Stelle zwischen den Augenbrauen, wo nach indischem Glauben das Ajna-Chakra ist.

→ Ajna-Chakra: siehe Glossar Seite 229

Schlagartig war ich leer, die Gedanken wie abgestellt, jegliche Empfindung weg, ich war ein reines Sein, ich wusste, das bin ich, obwohl ich es weder dachte noch fühlte, ich war einfach, doch mit einer Intensität, einer Fülle, ich war alles und zugleich wie aufgelöst im Nichts.

Ich weiß nicht, wie lange dieser Zustand dauerte. Irgendwann kam ich wieder zu mir, wohl zu meinem Ego, zurück; der Meister war schon aus meinem Blickfeld verschwunden, er musste in den Reihen hinter mir sein, denn seine Stimme hörte ich noch."

Was diese Frau empfunden hat, betrachte ich als eine treffende Beschreibung für den Zustand jenseits von Denken und Fühlen und des Ego.

Den Namen dieses Gurus gebe ich hier absichtlich nicht bekannt, um den Kult um seine Person nicht zusätzlich zu nähren; auch will ich keine Empfehlung für seine Lehren suggerieren, mit denen ich im Detail nicht genügend vertraut bin.

Das Geheimnis des Glücks
Eine Zen-Geschichte

Ein Mann fragte einen alten Zen-Meister: „Wie machst du es, dass du immer so glücklich bist?"
Der Zen-Meister antwortete: „Wenn ich liege, dann liege ich. Wenn ich gehe, dann gehe ich. Wenn ich esse, dann esse ich. Wenn ich arbeite, dann arbeite ich."
Der Mann schaute ihn verständnislos an: „Das tue ich doch auch! Dennoch bin ich nicht glücklich."
„Wenn ich liege, dann liege ich. Wenn ich gehe, dann gehe ich. Wenn ich esse, dann esse ich. Wenn ich arbeite, dann arbeite ich", wiederholte der Weise.
Nun kam Verärgerung im Mann auf und er konnte sie nicht verbergen. „Du machst dich über mich lustig!", rief er empört.
Milde lächelnd gab der Meister die Erklärung: „Gewiss liegst du, gehst, isst und arbeitest. Doch während du liegst, überlegst du, wohin du danach gehen wirst, und während du gehst, fragst du dich, was du essen wirst, und beim Essen denkst du über deine nächste Arbeit nach. Deine Gedanken sind ständig woanders und nicht da, wo du gerade bist. Das Leben findet aber in diesem Augenblick zwischen Vergangenheit und Zukunft statt; wenn du dich ganz darauf einlässt, kannst du glücklich werden."

Dass Gedanken und Gefühle zum Ego gehören sollen, ist nicht leicht nachvollziehbar, denn sind nicht sie es, die uns, auch unsere Seele, ausmachen?

Pointiert gesagt, besteht der Denkprozess nur aus elektrischen Strömen; aber dieses Wissen hindert uns nicht daran, uns vor allem durch unser Denken als ein Selbst wahrzunehmen. Wie es schon Descartes formulierte: „Ich denke, also bin ich".

Das Denken ist allerdings ein Prozess des Gehirns, bei dem Informationen verarbeitet werden, die zuvor durch Lernen und Erfahrung darin gespeichert wurden. Was im Gehirn produziert wird, ist bestenfalls Halbwissen, wenn nicht Irrtum, denn die Grundlage ist nicht das All-Wissen, sondern ebenfalls Halbwissen, wenn nicht Irrtum. Was wissen wir denn tatsächlich? Alles nehmen wir auf, wie wir es sehen und beurteilen, wir halten uns an die Erscheinungen, nicht an die Wahrheit, die allein im göttlichen All-Wissen ist. Nicht umsonst streben östliche Religionen und mystische Richtungen des Christentums das innere Schweigen an, bei dem die Gedanken zum Stillstand kommen sollen. Denn erst wenn das „Gefäß" leer ist, kann das höhere Wissen hineinfließen. Sind wir dafür offen, kommt es gewissermaßen auf uns herunter (dies entspricht im Christentum der Herabkunft des heiligen Geistes auf die Apostel, woran das Pfingstfest erinnert). Dieses plötzliche Wahrnehmen von Wahrheit oder Weisheit wird manchmal auch als Inspiration oder Intuition bezeichnet.

Das Denken läuft im Gehirn hauptsächlich automatisch ab – „man kann seine Gedanken nicht abstellen", „Gedanken kreisen unaufhörlich". Schon willentlich über etwas nachzudenken, erfordert eine große Konzentrationsfähigkeit, wie schnell schweifen wir ab!

Objektiv betrachtet ist das Denken also nicht wirklich das, was das Ich ausmacht. Doch vielleicht das Fühlen? Auch hier enttäuscht uns die Wissenschaft: Selbst für Gefühle ist das Gehirn zuständig, durch die Ausschüttung von Hormonen. Obwohl einige Neurowissenschaftler es versuchen, ist es natürlich unsinnig, alles auf chemische Prozesse reduzieren zu wollen; sie beschreiben dabei nämlich lediglich einen Vorgang, ohne die Frage zu beantworten, *warum* sich dieser genau so abspielt.

Vielleicht wird uns deutlicher bewusst, dass auch die sogenannten Gefühle ein Bestandteil des Ego sind, wenn wir genauer betrachten, woraus sie entstehen. Sie haben *immer* eine Ursache: Freude über ein Geschenk, Zufriedenheit dank dem Wohlergehen unserer Lieben, Traurigkeit wegen eines Todesfalls, Wut nach einem Streit, ... Allein die Tatsache, *dass* sie eine Ursache haben, entlarvt sie als egoisch; es wäre wohl treffender, sie als Emotionen oder Empfindungen zu bezeichnen denn als Gefühle. Nur in der Seele finden sich die *reinen* Gefühle, die keinen Existenzgrund brauchen. Und wie beim Denken müssen wir auch das „Gefäß" unseres egoischen Empfindens leeren – also gleichmütig werden –, wollen wir die reinen göttlichen Gefühle wahrnehmen, reine Liebe, reine Glückseligkeit.

Meinen wir also, Denken und Fühlen machten uns aus, so trifft es in der Illusion, in der wir uns in dieser Welt befinden, zu: Weil wir das Ego für unser Selbst halten, empfinden wir das, was das Ego ausmacht – Körper, Denken und Fühlen – als unser Sein und identifizieren uns damit. Erst wenn es uns gelingt, dieser Illusion zu entkommen und in der Seele zu leben anstatt im Ego, werden wir wissen, wer wir *tatsächlich* sind.

* * *

→ Aussagen, die darauf schließen lassen, finden sich beispielsweise auf den Seiten 26/27, 70/71 und 159

Es hört sich zuweilen an, als wären Mentales und Vitales oder Denken und Fühlen zwei verschiedene „Personen", aber es ist doch immer nur ein Ego. Wie müssen wir uns diese Spaltung konkret vorstellen?
Die Behauptung, das Ich sei nicht die Einheit, für welche wir uns gerne halten, kann durchaus etwas Verwirrung auslösen. Dabei hat jeder von uns die verschiedenen Ichs in sich selbst doch schon mehrmals erlebt. Das eine Ich will das Rauchen aufgeben, das andere sagt wenige Stunden später: „Jetzt gerade geht das nicht, ich höre ein anderes Mal damit auf". Das eine Ich nimmt sich vor, jeden Morgen joggen zu gehen, das andere gibt den Vorsatz dann ver-

schlafen auf. Das eine Ich verspricht sich selbst, mit dem Partner, der Mutter, der Tochter über ein bestimmtes Problem zu reden, das andere Ich macht immer wieder einen Rückzieher. Wer ist es denn, der seine Meinung ändert? Ich? Wie kann es denn sein, dass wir in einem Moment so und im nächsten anders denken?

Diese Vorstellung, das, was wir als Ich empfinden, sei keine Einheit, habe ich bereits anhand der altindischen Philosophie erklärt. Ich stelle jetzt dazu noch die Theorie von P.D. Ouspensky (1878-1947) vor, der einen von Sufismus, Theosophie, Psychologie und vor allem von seinem Lehrer G.I. Gurdjieff beeinflussten eigenständigen spirituellen Weg weist: „Der Mensch ist eine Maschine. Er hat keine unabhängigen Bewegungen, weder äußerlich noch innerlich. Er ist eine Maschine, angetrieben von äußeren Einflüssen und von äußeren Anstößen. [...] Vor allem soll der Mensch wissen, dass er nicht eine Einheit ist – er ist eine Vielheit [...] Dadurch, dass er stets die gleichen physischen Empfindungen hat, sich immer beim gleichen Namen rufen hört und sich in Gewohnheiten und Neigungen wiederfindet, die er immer gekannt hat, bildet er sich ein, stets derselbe zu sein. In Wirklichkeit ist keine Einheit im Menschen, es gibt weder ein alleiniges Befehlszentrum noch ein bleibendes 'Ich' oder Ego. [...] Alle Gedanken, jedes Gefühl, jede Empfindung, jeder Wunsch, jedes 'ich mag' oder 'ich mag nicht' ist ein 'Ich'. Diese 'Ichs' sind untereinander nicht verbunden noch irgendwie koordiniert [...] Einige 'Ichs' folgen anderen ganz mechanisch, einige erscheinen immer von anderen begleitet, aber darin liegt weder Ordnung noch System."

→ Zitiert aus P.D. Ouspensky: Der vierte Weg.

Nach Ouspensky sind wir uns selten unserer selbst bewusst, vielmehr läuft alles automatisch ab. Daraus folgt auch das Wesentliche seines Weges: Wir müssen uns wieder „selbst-erinnern", uns unserer selbst in jedem Augenblick bewusst sein. Versuchen wir beispielsweise, den Zeiger einer Uhr zu beobachten und uns gleichzeitig bewusst zu sein, dass *wir* es sind, die dies tun, so schaffen wir das keine zwei Minuten lang. Ganz schnell verlieren wir die bewusste Empfindung wieder, dass wir da sind.

Als Instrument, um diese Selbst-Bewusstheit und damit ein Einheits-Ich zu erlangen, sieht Ouspensky die Selbstbeobachtung. Für ein großes Hindernis hält er die Identifikation: Wir identifizieren uns ständig mit allem, was wir sagen, wissen, denken, mit unseren Wünschen, mit Geliebtem und Verhasstem – doch das alles sind nur verschiedene Ichs in uns, es ist nicht das wahre Ich (die Seele). Diese Identifikation hindert uns also am Selbst-Beobachten und folglich am Selbst-Erinnern, und wir müssen sie aufgeben, wollen wir unser wahres Selbst finden.

* * *

Wäre unser Verstand nichts weiter als ein Computer, der von außen mit Daten gefüttert wird, müssten dann nicht alle Menschen, die über die gleichen Daten verfügen, stets zu gleichen Schlüssen und folglich zum gleichen Verhalten gelangen?

Dass der Verstand nur mit den Daten arbeiten kann, die irgendwann einmal in unserem individuellen Gehirn gespeichert wurden (sei es genetisch vererbt oder erlernt), ist wohl für jedermann einleuchtend. Doch da die Menschen nicht Computer mit *identischer Programmierung* sind, verarbeitet jeder die Daten auf seine eigene Weise und zieht andere Schlüsse und Erkenntnisse. Und wir dürfen – jenseits aller Diskussionen, ob Gefühle im Gehirn entstehen und nichts weiter sind als hormonale Vorgänge – nicht vergessen, dass auch das emotionale Ich und das Unbewusste auf den Verstand einwirken, womit nochmals individuelle, völlig unterschiedliche Datenkombinationen entstehen.

Wir sollen den Verstand ja auch nicht verteufeln. Er hat durchaus eine wichtige Funktion, solange wir egoische Wesen sind: unsere emotionaleren, impulsiveren Ichs durch seine – wenn auch unvollkommene – Weisheit und seine ethischen und moralischen Überzeugungen zu lenken und im Zaum zu halten. Doch zum absoluten Wahrheitsfinder dürfen wir ihn nicht erklären, wir müssen uns jederzeit bewusst sein, dass er nicht im Besitz des All-Wissens ist und sein Denkprozess stets trennend und linear und nicht ganzheitlich ist.

Ergebnisse aus der jüngeren Gehirnforschung bestätigen dies. Man weiß inzwischen, dass das bewusste Denken nur kleine Datenmengen verarbeitet, maximal 50 Bits/Sekunde (beim Lesen dieses Satzes verarbeitet das Gehirn etwa 45 Bits, beim Rechnen sinkt die Leistung auf rund 12 Bits).

Dieser Denkprozess kann die vorhandenen Informationen also nur *in geringem Maße und nacheinander* verwerten; deshalb ist er relativ langsam.

„Hinter den Kulissen" hingegen wertet das Gehirn Millionen von Bits in Windeseile aus. Der Vergleich mit einem Computer bietet sich an: Was wir bewusst tun und sehen, etwa ein Foto retuschieren, ist relativ langsam, doch im Hintergrund, unbemerkt, verarbeitet der Computer dabei eine große Datenmenge.

Deshalb raten Wissenschaftler wie der holländische Psychologe Ap Dijksterhuis, nur bei einfachen Sachverhalten bewusst nachzudenken. Bei der Lösungssuche für komplexere Probleme sollten wir hingegen die verfügbaren Informationen aufnehmen und die Sache dann „vergessen" – dem Gehirn also die Gelegenheit geben, im Hintergrund zu wirken, damit wir später aus dem daraus entstandenen Wissen die bessere Lösung erkennen. Wie der Volksmund schon sagt: Bei wichtigen Entscheidungen muss man eine Nacht darüber schlafen.

Und inwieweit die Innere Stimme, die Stimme der Seele, dabei mitwirkt, lasse ich an dieser Stelle für einmal offen.

* * *

Wenn aus den im Gehirn gespeicherten Informationen nichts Neues entstehen kann, wie erklärt man sich dann sowohl all die Entdeckungen und Erfindungen als auch neue philosophische Erkenntnisse?
Zu diesem Thema gibt es ein paar interessante Fakten. Einige Erfindungen, beispielsweise das Telefon, fanden gleichzeitig unabhängig voneinander an verschiedenen Orten statt. Auch der Gebrauch von Werkzeugen in prähistorischer Zeit und große kulturelle Leistungen der Menschheit, wie die Schrift, entwickelten sich eigenständig in vielen Kulturen, die keinen Kontakt untereinander pflegten.

Wir könnten nun sagen, mehrere menschliche Gehirne seien durch Nachdenken und Kombinieren evolutiv gleicher

Inhalte zu gleichen Ergebnissen gekommen oder durch ähnliche äußere Bedingungen lägen gewisse Errungenschaften einfach auf der Hand.

→ Siehe auch meinen Hinweis auf Platons Ideenlehre auf Seiten 60/61

Wir können aber auch argumentieren, diese menschlichen Gehirne hätten eine höhere Quelle von Wissen angezapft und darin das Neue gefunden, das es davor in der materiellen Welt noch nicht gab. Vielleicht weil der göttliche Plan es für diese bestimmte Zeitepoche vorsah und das entsprechende höhere Wissen in der Atmosphäre (oder im Äther, einer anderen Ebene oder Dimension) bereitstand. Dann hätte das menschliche Gehirn nicht etwas Neues aus sich selbst heraus generiert, sondern vielmehr etwas aufgespürt, das irgendwo schon vorhanden war.

Der gleiche Glaubenskonflikt tritt in Bezug auf philosophische Erkenntnisse auf, auch auf Poesie, Musik, Malerei und Kunst im Allgemeinen. Woher kommt die Inspiration, auf welche sich Künstler berufen und die der Welt wahrhaft geniale Werke schenkt? Dieser Frage bin ich bereits in Kapitel 6 „Meine Innere Stimme" von Band I nachgegangen, weshalb ich an dieser Stelle nur kurz die tragende Erkenntnis daraus wiederhole: Nach Sri Aurobindo wird die Inspiration als Offenbarung aus den höheren Prinzipien des Wissens und der Vision in den Menschen gehaucht.

→ Informationen zu Band I der Sonnwandeln-Reihe: Seite 233

*   *   *

Da wir unbestrittenermaßen so manches aus dem Bauch entscheiden, wie können wir uns sicher sein, dass eine Problemlösung, über die wir nachgedacht haben, tatsächlich aus dem Verstand und nicht etwa aus dem Bauch stammt?

→ Vergleiche Seiten 25ff.

Es ist nicht ganz leicht zu unterscheiden, weil das Vitale sich des Verstandes bedient, um seine Ziele zu erreichen – sofern der Verstand nicht sehr klar und rein ist, also mit der Seele in direkter Verbindung steht.

→ Zur inneren Warnleuchte und generell zur Inneren Stimme siehe Kapitel 6 in Band I; Info Seite 233

Ein Zeichen für einen „Bauchentscheid" sind mit dem Denkprozess oder -resultat gleichzeitig auftretende Emotionen, wie eine übermäßige Begeisterung für ein Vorhaben oder eine unterschwellige Angst. Ferner sollte die rote Warnlampe bei uns aufleuchten, wenn wir eine einmal getroffene Entscheidung durch eine rationale Argumentation aufzuheben versuchen. Selbstverständlich will das nicht heißen, wir sollten einen Entschluss nie überdenken, im Gegenteil; doch manchmal hat uns die höhere Weisheit etwas eingegeben, weil es das Richtige für uns ist, aber das Vitale ist damit nicht einverstanden und versucht daher, unsere Meinung zu ändern.

Zuweilen fühlt sich eine egoische vitale Argumentation auch „unangenehm" an, es ist ein unbestimmtes, leichtes Unbehagen, eine Art innere Dissonanz oder Disharmonie – ein leises Zeichen der Seele.

Der beste Weg, eine Entscheidung zu treffen, ist ohnehin nicht das Nachdenken, sondern das In-sich-gehen, die Gedanken abzustellen und in uns zu horchen, zu erspüren, was das Richtige ist. Dazu braucht es das Vertrauen, dass die höhere Weisheit uns „erleuchtet", und die Beharrlichkeit, es immer wieder zu versuchen, auch wenn es am Anfang nicht klappt und wir meinen, nichts zu hören, oder eine in dieser Weise getroffene Entscheidung sich nachträglich als (vermeintlich) falsch erweist.

* * *

Worauf sollen wir denn nun unser Verhalten gründen, wenn weder das Nachdenken noch das Gefühl aus dem Bauch uns zuverlässig leiten?
Bei mehreren Fragen in diesem und anderen Bänden der Sonnwandeln-Reihe gebe ich immer die gleiche oder eine ähnliche Empfehlung: Wir sollen das tun, was zu tun ist und was wir in uns als richtig spüren. Was ist aber damit genau gemeint? Nachfolgend zwei konkrete Beispiele.
• Ich gehe in mein Wohnzimmer, um einen gemütlichen Abend mit einem interessanten Buch zu verbringen. Da fällt mein Blick auf den Kabelsalat bei der Video- und Audioanlage, den ich schon lange einmal in Ordnung bringen wollte. Eben: schon lange einmal. *Jetzt* nehme ich es in Angriff, *unverzüglich*, ohne weiteren Aufschub, ohne Ausreden, denn *jetzt* sehe ich, was zu tun ist, und *jetzt* tue es. Und nein, es ist nicht wichtiger, ein gutes Buch zu lesen! Mit der Zeit, wenn wir uns daran halten, immer zu tun, was gerade notwendig ist, „sprechen" die Dinge uns an: Wir möchten

zwar lieber fernsehen, aber unser seit längerer Zeit unbeachtetes Klavier scheint uns anzuschauen und uns zu sagen „Spiel wieder einmal auf mir!" (Es gibt aber auch die Situationen, in denen der Körper müde und erschöpft ist und Ruhe braucht – dann soll er seine Ruhe bekommen. Auch Nichtstun kann *im Jetzt* das richtige Handeln sein.) So viel dazu, was die alltäglichen Dinge betrifft.

• Noch ein Beispiel zu existentielleren Fragen. Ich bin unglücklich in meiner Ehe, in einer Freundschaftsbeziehung, am Arbeitsplatz, mit meiner Wohnung, ... und erwäge, die Beziehung zu beenden, eine Aussprache anzustreben, die Stelle zu wechseln, eine neue Wohnung zu suchen, ... Ich weiß aber nicht, ob es gut und richtig ist oder nicht. Mit rationalem Nachdenken bin ich nicht weitergekommen, mein Gefühl zieht mich einmal in diese und einmal in die andere Richtung. Wie soll ich also eine Entscheidung treffen? Ich versuche, innerlich still zu werden, in mich zu horchen, ohne zu denken und ohne Emotionen zuzulassen, und meine Innere Stimme zu vernehmen; ich kann auch die verschiedenen Alternativen bildhaft an mir vorbeiziehen lassen, ohne rationales Denken und ohne Emotionen, und spüren, was sich dabei in mir regt.

→ Wie wir die Innere Stimme hören und befragen, habe ich ausführlich erläutert in Kapitel 6 von Band I der Sonnwandeln-Reihe, ferner in meinem Buch „Karma Yoga"; Infos Seiten 233 und 238

Die Innere Stimme äußert sich nicht in Worten, sondern mit einem leisen Empfinden von Unbehagen, sobald wir etwas denken, was nicht gut für uns ist. Vielleicht finden wir auf diese Art die Antwort. Vielleicht aber auch nicht: Wir bekommen nicht die ersehnte klare Aussage „So will ich handeln". In letzterem Fall können wir eine einfache Regel beherzigen: Solange wir nicht deutlich wissen, was zu tun ist, ändern wir nichts an der Situation – denn handeln, ohne genau zu wissen, welchen Weg einschlagen, ist sinnlos.

Oft kommt mit der Zeit eine Lösung, eine Veränderung, eine Entscheidung von außen, ohne unser aktives Dazutun. Womit ich nicht sage, wir dürften einfach alles schlittern lassen und darauf warten, dass es sich von selbst löst. Spüren wir, wie eine bestimmte Handlungsweise die richtige ist, dann sollen wir uns nicht von Ängsten oder egoischen Wünschen davon abhalten lassen.

* * *

Auch wenn das Denken nicht perfekt ist: Über die Vergangenheit nachzudenken und daraus zu lernen, kann doch nicht falsch sein? Mit meiner Herabstufung des Denkens löse ich nicht selten Widerspruch aus. Kein Wunder, wird das Denken in unserer Kultur doch als *das* Instrument zur Wahrheitsfindung und zum Fortschritt gepriesen. Und ich will es hier ja auch nicht verteufeln, es erfüllt nämlich wichtige Funktionen – nur überbewerten dürfen wir es nicht.

Über die Vergangenheit nachzudenken im Sinne von Grübeln oder unendlichem Analysieren, hilft uns nicht weiter, weil wir immer nur die bekannten und x-mal durchgedachten Fakten im Gehirn hin- und herwälzen.

Neue Erkenntnisse, sollen wir sie denn haben, kommen zu uns *ohne* Nachdenken, das Wissen dringt von außen oder von innen in unser Gehirn ein oder ist plötzlich, wie aus dem Nichts, vorhanden. Wir müssen darauf vertrauen, dass die Antworten, die wir für unseren Weg unbedingt brauchen, im richtigen Moment eintreffen.

Das einzig wirklich Nützliche, um zu lernen, ist die schonungslose Ehrlichkeit uns selbst gegenüber und die Wachsamkeit, nicht auf die Tricks des Ego hereinzufallen: Haben wir etwas gedacht, gesagt oder getan oder bereits während des Vorgangs, so spüren wir oft unmittelbar in uns die entsprechende „Bewertung" richtig oder falsch, gut oder schlecht. Und daraus können wir fürs nächste Mal lernen, ohne Selbstvorwürfe, ohne Schuldgefühle, einzig dank reiner Erkenntnis. In anderen Situationen, wenn wir unsere Innere Stimme nicht hören, wird uns die Reaktion der Mitmenschen auf die Sprünge helfen oder die Konsequenzen unseres Handelns werden uns lehren, sofern wir nicht die Augen davor verschließen. Mitunter kommt es aber vor, dass wir nie erfahren, ob es, von einer höheren Warte aus gesehen, nun gut und richtig war oder nicht – dann war die Erkenntnis offenbar nicht nötig. Nicht selten suchen wir nämlich bloß unnötige Antworten, solche die uns nicht weiterbringen und lediglich der Befriedigung unseres mentalen Ego dienen.

* * *

Der „mentale Rucksack" aus der Vergangenheit hat doch auch Vorteile, er hilft uns, den gleichen Fehler nicht nochmals zu machen, und bei neuen Entscheidungen aus dem Erfahrungsschatz zu schöpfen. Wieso ihn also ablegen?

Treten wir eine Wanderung an, so ist der Rucksack gefüllt mit Essen und Trinken, das wir während der Reise brauchen. Es liefert uns die notwendige Energie. Aber nur, wenn wir es zu uns nehmen und der Körper es verwertet; solange es im Rucksack bleibt, nützt es nichts.

Genau gleich verhält es sich mit den gemachten Erfahrungen: Wir müssen die Lehren daraus ziehen, die Erfahrung also verwerten und die Erkenntnis assimilieren; dann können wir die konkrete Erinnerung vergessen und sollten sie nicht wieder aufleben lassen, erst recht nicht, wenn sie mit Emotionen verbunden ist.

*   *   *

Man sagt, die Zeit sei ein Raum: Zukunft und Vergangenheit existieren gleichzeitig mit der Gegenwart. Wenn folglich nichts vergangen und alles Künftige ebenfalls vorhanden ist, wie ist das vereinbar mit der Aussage, wir sollen mit den Gedanken nicht in die Vergangenheit oder Zukunft schweifen, sondern in der Gegenwart leben?

Es gibt physikalische und esoterische Theorien dazu. Doch Theorien sind das eine, das Sein und Dasein etwas anderes. Denkmodelle helfen uns nur weiter, wenn wir sie im alltäglichen Leben und auf dem spirituellen Weg zu unserem Vorteil umsetzen können. Was nützt uns das Wissen, dass die Zeit ein Raum ist, wenn wir uns darin doch nicht bewegen können, wie es uns beliebt? Die Gegenwart ist das einzige, was für uns zählt, weil wir nur im jeweiligen Moment handeln können: Ist er vorbei, haben wir keine Möglichkeit, dahin zurückzukehren und etwas zu ändern; ist er noch nicht da, wissen wir nicht, wie er tatsächlich sein wird.

Deshalb bleibt uns keine andere Wahl, als im Augenblick zu leben und diesen, einen nach dem anderen, so zu gestalten, wie wir es für richtig halten. Spontan leben, könnte man es nennen, in jedem Moment das tun, was wir spüren, auf unsere Innere Stimme lauschend.

*   *   *

Da wir die Zukunft gedanklich nicht vorwegnehmen und somit nicht planen können, ist es dann nicht sinnvoll, einfach in den Tag hineinzuleben?

Ja und nein. Es kommt darauf an, was wir unter „in den Tag hineinleben" verstehen wollen. Rechtfertigen wir damit, dass wir uns einfach gehen lassen, um nichts bemühen und uns um nichts scheren, ergeben uns also ganz dem Ego, dann ist es bestimmt nicht richtig. Selbstverständlich dürfen wir die Hände nicht in den Schoß legen und denken „Es kommt dann schon, wie es muss". Es kommt zwar, wie es muss, wie es gut für uns ist – und darauf haben wir keinen Einfluss –, aber unsere Aufgabe ist es zu handeln, tätig zu sein, uns anzustrengen. Deshalb sollen wir Möglichkeiten ausloten und planen, uns dabei aber stets bewusst sein, dass das Ergebnis weder davon noch von unserem Bemühen abhängt: Einmal ist es fruchtlos, ein anderes Mal ernten wir hingegen Früchte, sogar wenn wir nur wenig dafür getan haben. Ein deutsches Sprichwort sagt: Hilf dir selbst, so hilft dir Gott. Oder wie es im Evangelium formuliert ist: „Seht die Vögel des Himmels an: Sie säen nicht und ernten nicht, sie sammeln auch nicht in die Scheunen, und euer himmlischer Vater ernährt sie doch." Mancher Bauer sät und erntet reichlich. Ein anderer sät, aber ein Unwetter zerstört die Ernte. Doch auch die Vögel, obwohl sie nicht säen, sind nicht untätig: Sie suchen unermüdlich nach Futter.

Die Zukunft nicht planen zu können, bedeutet: Es steht nicht in unserer Macht, unser und anderer Menschen Leben vorauszusehen und *verbindlich* zu planen, Ereignisse herbeizuführen oder zu vermeiden. Versuchen können wir es, und manchmal kommt es ja auch so heraus, wie wir es wünschen – aber nur dann, wenn es im Einklang mit dem göttlichen Willen steht. Und vielleicht wäre es genauso geschehen, hätten wir uns nicht darum bemüht.

Unsere Aufgabe in diesem Leben ist unsere innere Entwicklung auf ein Höheres zu, unsere Vervollkommnung, Erleuchtung oder wie wir es nennen wollen. Ein Weg dahin führt über das uneigennützige und absichtslose Handeln.

* * *

→ Vergleiche Kapitel 1 in Band II zum Urvertrauen und Kapitel 4 und 5 von Band I zum Willen; Info siehe Seiten 233/234

→ Matthäus 6,26

→ Das uneigennützige Handeln ist der Kernpunkt des Karma Yoga, wie ich es in meinem gleichnamigen Buch erläutere; Info siehe Seite 238

Meditieren wir, so stellen wir die Gedanken ab, bei der Arbeit können wir aber nicht kopflos vorgehen: Ist es nicht so, dass das Denken und das Schweigen des Verstands zur jeweils richtigen Zeit eingesetzt werden müssen? Solange wir glauben, wir arbeiteten aus *unserer* Kraft, mit *unserem* Verstand, können wir natürlich nicht darauf verzichten.

→ Vergleiche die Wirkungsweise der Prakriti im vorangehenden Kapitel, Seiten 24ff.

→ Vergleiche Aufgabe zur Selbstveränderung Seite 175

Fühlen wir hingegen, wie ein Höheres das Werk tut, eine Kraft uns gewissermaßen als Werkzeug benutzt, dann brauchen wir den begrenzten menschlichen Verstand nicht mehr, wir lassen die Arbeit einfach fließen. Halten wir es mit der italienischen Redensart „provare per credere" (es ausprobieren, um es zu glauben). Versuchen wir es doch einmal: Identifizieren wir uns mit dem, was wir gerade tun, vertiefen wir uns in die Arbeit, aber nicht im Denken, sondern im Sein, im Sinne: Ich und die Arbeit sind eins.

Für gewöhnlich mögen die Menschen den Gedanken nicht besonders, dass sie nicht die Urheber der Taten, sondern nur ein ausführendes Werkzeug der Naturkraft sind, die sich nach der sogenannten Erschaffung der Welt (im biblischen Sinne) nicht einfach in nichts aufgelöst hat und nach wie vor im Universum wirkt; ebenso wenig akzeptieren sie, ihr Verstand, von dem sie so viel halten, soll nichts weiter sein als ein Kanal, durch den Wissen und Wahrheit fließen – sofern wir es zulassen und den Kanal nicht ständig mit Denken verstopfen.

*   *   *

→ Diese Aussage steht auf Seite 58

Sind „richtig" und „falsch" zeitabhängig, oder wie ist die Aussage sonst zu verstehen, dass was gestern richtig war, heute falsch sein kann? Die *absolute* Wahrheit, also das Göttliche, ist das einzige, was unveränderlich ist. Alle anderen Überzeugungen in der Unbewusstheit der irdischen Welt sind nicht ewig.

Ein sechsjähriges Kind, das eben zu rechnen lernt, fragen wir: „Wenn du fünf Äpfel hast und deiner Schwester zwei davon gibst, wie viele bleiben dir?" Darunter kann es sich etwas vorstellen und es wird die richtige Lösung finden. Stellen wir ihm aber als Aufgabe, von sieben Äpfeln neun abzuziehen, wird es diese nicht lösen können, weil es noch keinen Begriff von negativen Zahlen hat, und es wird vielleicht antworten: „Das geht nicht" oder „Da bleibt mir kein Apfel." Das ist also einer der Aspekte: Je nach unserem Erkenntnisstand gehen wir mit unseren Lebensaufgaben unterschiedlich um. Gestern verhielten wir uns in einer bestimmten Weise, die wir als richtig empfanden; sind wir dann aber in einer höheren „Klasse", verstehen wir, wie unsere frühere Handlungsweise aus der damaligen Sicht wohl richtig war, aus unserem gegenwärtigen Erkenntnisstand jedoch nicht mehr richtig wäre. Ich will an dieser Stelle in aller Deutlichkeit betonen, dass unsere damalige Tat *nicht falsch* war, da wir es ganz einfach nicht besser wussten. Handelten wir hingegen heute noch gleich, wäre es zweifellos falsch. Richtig und falsch sind also subjektiv und abhängig vom jeweiligen Wissen. Oder anders ausgedrückt: „Sünde" entsteht nur, handeln wir gegen besseres Wissen, nie aus Unwissenheit – auch wenn vor dem Gesetz Unwissenheit nicht vor Strafe schützt.

Ein weiterer Aspekt: Die viel gepriesene Gleichbehandlung aller Menschen zu jeder Zeit funktioniert nicht, weil nicht alle Menschen gleich sind und sie sich im Lauf der Zeit stetig verändern. Nehmen wir an, wir haben zwei Kinder. Das eine ist fleißig und pflichtbewusst; so werden wir es von Zeit zu Zeit ermuntern, nicht immer alles so übergenau zu nehmen und auch einmal loszulassen und zu entspannen. Das andere ist faul und unzuverlässig; wir werden es also ständig ermahnen müssen, seine Pflicht zu tun. Wir können nicht beide gleich behandeln! Mit den Jahren ändern sich die Kinder dann: Das fleißige wird liederlich, das faule entdeckt seine Fähigkeiten und lernt mit Begeisterung. Wieder werden wir nicht beide gleich behandeln können.

→ Vergleiche Kapitel 3 in Band II; Info siehe Seite 234

Dieses einfache Beispiel leuchtet uns allen völlig ein. Doch auch wenn wir es für andere Situationen und Menschen durchspielen, sehen wir, dass es immer so ist. Hier zwei weitere Beispiele.

• Jemanden töten, weil wir sein Hab und Gut begehren oder aus Eifersucht, Neid und anderen niederen Empfindungen, ist falsch. Bedroht jemand das Leben unseres Kindes, werden wir jedoch mit Recht auf diesen Menschen schießen.

- Viele Aussagen aus heiligen Schriften, die aus einer bestimmten Zeit stammen, wurden revidiert, weil die Ethik und Moral der Menschheit sich weiterentwickelt haben. Das „Auge um Auge" des Alten Testaments wurde von Jesus entkräftet durch: „Wenn dich jemand auf die linke Backe schlägt, so biete ihm auch die andere dar." Ebenso betrachten wir in unserer christlich-abendländischen Kultur Sippenhaft und Blutrache längst als barbarisch, während sie früher als gut und richtig galten wie heute noch in einigen Gesellschaften.

→ Matthäus 5,39

→ Vergleiche
Kapitel 5 von
Band II zur Ethik
und Moral; Info-
siehe Seite 234

* * *

Gibt es Tricks, um aus der Spirale von negativen Gedanken und Gefühlen, diesem oft nicht zu bremsenden Automatismus, rechtzeitig herauszukommen?

Solche Tricks gibt es in der Tat: Wir stellen das Denken ab, lassen die kreisenden Gedanken nicht zu, werfen sie aus uns hinaus, im Bewusstsein, dass es die wirkende Natur ist, die denkt, nicht wir, das Denken also lediglich in uns stattfindet. Konkret können wir uns mit anderen Gedanken ablenken, Musik hören, einen Film anschauen, Freunde aufsuchen (dabei natürlich nicht über das Thema reden!) und vieles mehr, was das Denken stark absorbiert. Siehe dazu die Aufgabe zur Selbstveränderung.

→ Vergleiche das
Wirken der Gunas
im vorangehen-
den Kapitel,
Seiten 24ff.

→ Seiten 84/85

Es ist nicht einfach und erfordert eine Menge Willenskraft und Disziplin, die eindringenden Gedanken möglichst sofort hinauszuwerfen. Jedes Mal, wenn es uns gelingt, werden wir – vielleicht mit Erstaunen – feststellen, dass augenblicklich auch die schmerzhaften Empfindungen verschwinden.

→ Info zu meinen
spirituellen
Romanen siehe
Seite 239

Eine schöne Methode zeige ich in meinem spirituellen Roman „Der Wanderer im dunklen Gewand" (Seite 72):

„Weile in der Gegenwart des Seins, lass deinen Gedanken keinen Raum. Die äußeren Umstände sind weder gut noch schlecht, weder angenehm noch unangenehm – die Bewertung macht nur dein Denken. Sieh die Weide dort: Sei bei ihr, solange deine Augen auf ihr ruhen, nimm ihre geschwungenen in den Himmel gerichteten Ruten wahr, erkenne die lanzenförmige Gestalt ihrer Blätter, die senfgelbe

Farbe ihrer Rinde. Die Weide ist in diesem Moment deine Gegenwart – dann ist kein Platz für Gedanken von Einsamkeit. Und wenn du einen Schritt weiter bist und die Weide deinem Blickfeld entschwunden, siehst du den großen Stein im Wasser, wie die Strömung an ihm abreißt, kleine Wirbel und Gischt bildet..." Er gab sich dem Sehen hin, bis er tatsächlich nur noch Gegenwart war, reines Erleben, und dabei weder Freude noch Leid, nur noch Gleichmut empfand.

Demütig lerne Gottes Wesen aus dem Wesen Gottes selber, nimmermehr aus klügelnden Beweisen zu erfassen. Sind etwa Fackel oder Kerze nötig, um dich den Glanz der Sonne sehen zu lassen?

Dschami

Alle Sinnesdinge und alles Wissen, das durch die Sinnesdinge zustande kommt, wird, wenn du dich davon in Anspruch nehmen lässt, zu einer Trennwand für die inneren Erfahrungen.
Denn das Herz gleicht einem Wasserbecken und die fünf Sinne fünf Bächen, durch die das Wasser von außen in das Becken fließt. Willst du, dass das klare Wasser aus dem Grund des Beckens emporquellt, so musst du das Wasser der Bäche und den mitgeführten schwarzen Schlamm ganz aus dem Becken entfernen und alle Bäche stauen, sodass sie kein Wasser mehr hineinbringen; dann den Beckengrund aufgraben, damit das reine klare Wasser aus der Tiefe des Beckens emporquellt. Solange das Becken jedoch mit dem Wasser, das von außen kam, angefüllt ist, ist es unmöglich, dass das Wasser aus dem Innern heraufquellt.
So kann auch jenes Wissen aus dem Innern des Herzens nicht aufsteigen, solange das Herz nicht frei ist von allem, was von außen hereingekommen ist.
Al Ghazali

Sei nicht Sklave, sondern Herr deiner Stimmungen. Bist du aber so verärgert, gedrückt, verwundet, dass dein Geist selbst im Gebet keine Erlösung und Ruhe findet, so gehe eilends hin und bereite einem Geringeren, einem Bekümmerten, einem schuldig oder unschuldig Leidenden eine Freude! Opfere dich, deine Gabe, deine Zeit, deine Ruhe einem anderen, einem, dem mehr als dir auferlegt ist – und deine unglückliche Stimmung löst sich auf in gottselige, gottzufriedene Ergebung.
Baha'i Weisheit

In der Meditation hängt alles vom Denken ab. Heften deine Gedanken sich an etwas Geschaffenes – sogar etwas Unsichtbares oder Spirituelles, etwas Höheres als jedes Erdengeschöpf –, so ist es, als würdest du dich auf Händen und Knien vor einem Götzen verneigen.
Isaak von Akko

Unser Verstand ist äußerst flüchtig; weil aber der Wille der Beherrscher all unserer Kräfte ist, soll er ihn zurückrufen und zu Gott als seinem letzten Ziel und Ende bringen.

Wird der Verstand nicht gleich am Anfang gebändigt, nimmt er böse Gewohnheiten an, sich zu verwirren und zu zerstreuen, und diese sind dann schwer zu überwinden und ziehen uns wider Willen zu irdischen Dingen. [...] Machen Sie es sich zur Aufgabe, Ihren Verstand immer in der Gegenwart Gottes zu halten! Wenn er sich zeitweilig davon entfernt und verirrt, so seien Sie darüber nicht beunruhigt. Denn diese Unruhe des Gemüts dient viel eher dazu, den Verstand zu zerstreuen, als ihn zu sammeln. Der Wille muss ihn in aller Ruhe wieder zurückrufen und sammeln. Beharren Sie in dieser Weise, wird Gott sich Ihrer erbarmen.

Bruder Lorenz

Wenn du etwas tust, sind diese beiden, das Mentale und das Vitale, immer dabei und versuchen, den einen oder anderen Nutzen aus dem zu ziehen, was du tust: den Nutzen der persönlichen Befriedigung, den Nutzen des Glücklichseins, den Nutzen der guten Meinung, die du von dir selbst hast. Es ist schwierig, sich selbst nicht zu täuschen.

The Mother

Der richtige spirituelle Weg ist nicht, die Emotionen abzutöten, sondern sie dem Göttlichen zuzuwenden. Aber sie müssen rein werden, auf spirituellem Frieden und Freude gründen [...]

Sri Aurobindo

Die Speicherung von Erfahrungen als Erinnerung im Gehirn ist Wissen, und die Reaktion auf diese Erinnerung ist das Denken. Das Denken ist ein materieller Prozess, es ist nichts Heiliges am Denken. [...] Das Denken ist stets trennend und fragmentarisch, und das Wissen nie vollkommen. [...] Alle unsere Handlungen basieren auf dem Denken, daher sind auch sie beschränkt, fragmentarisch, trennend, unvollständig; sie können nie ganzheitlich sein.

Jiddu Krishnamurti

DIE TRAGENDEN GEDANKEN

❖ Denken und Fühlen gehören gleichermaßen zum Ego wie der Körper – es handelt sich um verschiedene Ichs.

❖ Das Denken bewegt sich im geschlossenen Kreis gespeicherter Informationen: Es ist nicht zuverlässig und führt nie zur absoluten Wahrheit. Das Gleiche gilt für das Fühlen.

❖ Erst wenn Denken und Fühlen schweigen – in innerer Stille und Gleichmut –, findet die höhere Wahrheit in mich Einlass.

❖ Denken und Fühlen wirken zusammen und bedingen einander, oft in einem schwer zu durchbrechenden, unheilvollen Teufelskreis. Nur indem ich bewusst in der Gegenwart lebe, gelingt es mir, diesen zu verlassen.

❖ Es ist richtig, durch Analyse aus Erfahrungen zu lernen, jedoch ohne die sie begleitenden Emotionen zuzulassen; wird mir dabei eine Erkenntnis geschenkt, sollte ich die Erfahrung an sich loslassen.

✧ Versuche ich, Entscheidungen stets durch Nachdenken zu treffen?

✧ Bin ich mir oft nicht bewusst, dass Denken und Fühlen ihre eigenen egoischen Ziele verfolgen?

✧ Lebe ich durch meine Gedanken meistens in der Vergangenheit oder in der Zukunft?

✧ Suche ich für alles eine Erklärung durch Nachdenken und/oder Grübeln?

✧ Kann ich vergangene Ereignisse nur schwer loslassen?

✧ Halte ich stur an meinen Überzeugungen und Meinungen fest?

AUFGABE ZUR SELBSTVERÄNDERUNG

Entwicklungsziel

Ich erkenne, dass Gedanken und Empfindungen nicht zu mir gehören, sondern in mir stattfinden, und nicht der absoluten Wahrheit entspringen. Ich übe und lerne, die Gedanken und Empfindungen, die in mich eindringen, wahrzunehmen und die unerwünschten aus mir hinauszuwerfen.

→ Bitte beachte „Tipps zum Umgang mit der Sonnwandeln-Reihe" auf Seite 17

Aufgabe A: Gedanken und Empfindungen hinauswerfen

Das Ziel liegt bei dieser Aufgabe nicht darin, vollständig leer zu werden von jeglichem Denken und Fühlen wie bei der Meditation; es geht darum, für eine Weile – am Anfang vielleicht nur eine Stunde lang – die unerwünschten, unnützen, lästigen Gedanken zu beseitigen.

• Kommen Gedanken auf, die nichts mit meiner gegenwärtigen Tätigkeit zu tun haben, die also *parallel* zu einer Tätigkeit ablaufen, die kein Denken erfordert, etwa beim Essen, Joggen, Bügeln, Autofahren, so lasse ich diese nicht zu. Ebenso verhindere ich Gedanken, die vergangene Ereignisse erneut aufleben lassen und womöglich damit verbundene Empfindungen; ferner Gedanken an Künftiges, wie innere Dialoge („Ich sage das, und wenn er dann das sagt, antworte ich ..."), aber auch die Vorwegnahme freudiger bevorstehender Ereignisse.

• Desgleichen verfahre ich mit den Empfindungen. Ich fühle beispielsweise die Liebe zu meinem Partner oder zu meinen Kindern *in dem Moment, in dem sie bei mir sind*, oder die Dankbarkeit für jemanden, der mir *jetzt gerade* hilft. Es sind also *Empfindungen der Gegenwart*, nicht Emotionen, die entstehen, weil eine Erinnerung in meinem Kopf umherschweift und die entsprechenden Empfindungen auslöst, wie Zorn, Eifersucht, Verletzung, aber auch Liebe.

• Will ich hingegen über ein Problem, eine Frage, eine Aufgabe nachdenken oder übe ich eine Tätigkeit aus, die mein Denken erfordert (einen Brief schreiben, über ein Thema diskutieren, ein Rätsel lösen), so setze ich das Denken *bewusst* als Werkzeug ein. Das ist erlaubt.

- Um Gedanken und Empfindungen loszuwerden, wende ich folgende Methoden an, einzeln oder kombiniert:
  - Ich sage zu Gedanken und Empfindungen klar und bestimmt: „Ihr gehört nicht zu mir, geht hinaus!" und stelle mir bildlich vor, wie sie aus mir gehen.
  - Ich bringe meine Konzentration in die Mitte meiner Brust, lasse mich sozusagen in die innere Tiefe fallen und verweile dort in meiner inneren Stille.
  - Ich rufe die göttliche Stille in mich, indem ich mir bildlich vorstelle, wie sie von oben über meinen Scheitelpunkt in mich einfließt und alles in mir zum Schweigen bringt.
  - Ich rezitiere unaufhörlich ein Mantra; siehe Aufgabe B.

→ Vergleiche Anleitung zur Meditation auf Seiten 221ff.

→ Mantra: siehe Glossar Seite 231

Aufgabe B: Innere Rezitation
Für unseren Verstand ist es schwierig, untätig zu sein, was es für uns fast unmöglich macht, das Denken zum Schweigen zu bringen. Deshalb kann es sinnvoll sein, das Gehirn durch bewusstes ununterbrochenes gedankliches Aufsagen von einfachen, kurzen Texten zu beschäftigen. Diese Praktik kennt man in mehreren Religionen.

• Ich wähle einen kurzen Satz, den ich in mir als meinen eigenen empfinde (er wird mich fortan lebenslang begleiten, ohne dass ich ihn je ändere); deshalb sollte er in meiner vertrauten Muttersprache sein. Beispiele: „Gott, mein Vater, sorge für mich"; „Höhere Macht, führe mein Leben"; „Göttliche Mutter, ich will nur dich".

• Immer dann, wenn ich nicht willentlich (über/an etwas) denke, rezitiere ich innerlich unablässig diesen einen Satz.

• Ich kann ihn auch an meinen Atem koppeln, etwa: „Göttliche Mutter" beim Einatmen, „ich will nur dich" beim Ausatmen.

• Dabei halte ich mein Bewusstsein (die Konzentration) auf die Stelle hinter dem Herzen in der Mitte der Brust.

• Am Anfang denke ich diesen Satz bewusst, nach kurzer Zeit stellt sich dann ein mechanisches Aufsagen ein – etwas in mir übernimmt die Rezitation. Das führt allerdings dazu, dass das Gehirn wieder freie Kapazität hat und erneut Gedanken aufkommen, die parallel zur Rezitation ablaufen. Dann hole ich mein Bewusstsein willentlich zur Rezitation zurück und konzentriere mich wieder eine Weile darauf.

AFFIRMATIONEN

→ Bitte beachte
die detaillierte
Anleitung
auf Seite 220 ICH LASSE ALLE UNERWÜNSCHTEN GEDANKEN LOS.

ICH LASSE ALLE UNERWÜNSCHTEN EMPFINDUNGEN LOS.

ICH BIN FREI VON GEDANKEN.

ICH BIN FREI VON EMOTIONEN.

ICH LEBE IN DER GEGENWART, IM AUGENBLICK.

MEIN INNERES WESEN IST VOLLER LICHT.

ALLES IN MIR WIRKT ZU MEINEM BESTEN.

ICH BIN BEREITS, WAS ICH WERDEN MÖCHTE.

ALLES IST IN MIR, ICH WILL ES ERKENNEN.

ICH WEITE MEIN BEWUSSTSEIN.

ICH VERTRAUE IN MEINE INNERE WEISHEIT.

ICH LASSE MEINE LEIDENSCHAFTEN LOS.

ICH LASSE MEINE VORGEFASSTEN MEINUNGEN LOS.

ICH LASSE DIE STILLE IN MICH STRÖMEN.

ICH LASSE DAS ALL-WISSEN IN MICH STRÖMEN.

- Ich befinde mich an einem vertrauten Ort; hier fühle ich mich sicher und geborgen, ich spüre die Ruhe um mich und in mir. Von hier aus begebe ich mich in einen Wald, er ist sehr dicht, ich gehe ganz tief hinein.

→ Bitte beachte die detaillierte Anleitung auf Seiten 221ff.

- Ein Teil von mir ist blind, es ist mein Fühlen, es irrt durch den Wald und hat keine Chance, den Ausweg zu finden. Ich bin ganz dieser Teil von mir und empfinde die Blindheit.

- Weil ich nicht sehe, wohin ich gehe, stolpere ich über etwas: Es ist mein Denken, das auf dem Waldboden liegt, es ist lahm, kann sich nicht bewegen. Jetzt empfinde ich mich ganz als diesen Teil von mir, der zwar sieht, aber den Wald nicht verlassen kann, weil er bewegungsunfähig ist.

- Dann verbinden sich mein Fühlen und mein Denken, sie bilden eine Zweiheit, ich empfinde mich als dieses zweigeteilte Wesen: Nun gibt das sehende, lahme Denken die Richtung vor und das bewegliche, blinde Fühlen geht den vorgeschlagenen Weg.

- In dieser Zweiheit komme ich voran, ich wandere weiter durch den Wald, es geht zwar recht gut, aber der Wald ist zu groß, zu dunkel, zu dicht, und meine Zweiheit kann den Ausweg nicht finden.

- Da bildet sich in mir ein winziges Licht, es ist meine Seele, es breitet sich aus, wird größer und leuchtender, es erfüllt meine Zweiheit ganz, sie verschmilzt in diesem Licht zur Einheit.

- Das Licht schwebt schwerelos, ich bin das Licht, es erleuchtet den ganzen Wald, alle Bäume werden langsam zu Licht, es gibt nur noch Licht. Ich wandere unbeschwert und glücklich.

- Beginnt die Erfahrung zu verblassen, so fühle ich mich wohl und geborgen, genieße den Frieden und die Ruhe in mir. Dann atme ich tief in den Bauch, öffne die Augen, verharre noch eine Weile regungslos, schaue um mich, spüre meinen Körper und bewege mich langsam.

→ Bitte beachte die detaillierte Anleitung auf Seiten 224ff.

Haupt-Blüten

Seelenzustand	Nr.
Ich bin mit meinen Gedanken oft nicht bei der Sache, sondern woanders.	9
Meine Gedanken kreisen unaufhörlich in meinem Kopf und/oder ich führe ständig innere Gespräche.	35
Ich sehne mich nach der Vergangenheit, ich lebe nicht in der Gegenwart.	16
Ich kann meine vorgefassten Meinungen nicht loslassen.	27

Gewählte Blüten:

□ □ □ □

Zusatz-Blüten

Seelenzustand	Nr.
Ich habe eine grundlegend pessimistische Einstellung, bin oft skeptisch.	12
Meine Stimmungen schwanken stark.	28
Ich bin sehr mit mir selbst beschäftigt, in mir und meiner Welt gefangen.	14
Ich habe heftige egoische Empfindungen wie Neid, Eifersucht, Misstrauen.	15

Gewählte Blüten:

□ □ □ □

EMPFOHLENER HEILSTEIN: AZURIT

→ Bitte beachte
die detaillierte
Anleitung auf
Seite 227

Wirkung

Der Azurit ist ein Stein der Selbsterkenntnis. Er stärkt die Wahrnehmung im spirituellen Bereich und macht uns die geistigen Kräfte bewusst. Dadurch hilft er uns, mit unserem inneren Wesen und unserer Seele Kontakt aufzunehmen.

Anwendung

Mit direktem Hautkontakt tragen.

Reinigen und Aufladen

Einmal im Monat über Nacht in einer Schale mit Hämatit-Trommelsteinen entladen.
Dunkelblaue Steine brauchen nicht aufgeladen zu werden, hellblaue sollte man in der Sonne oder über Nacht in einer Bergkristallgruppe wieder mit Energie versorgen.

Nachdem du eine Weile – in der Regel mehrere Wochen – in deinem All-
tag zum Thema dieses Kapitels an dir gearbeitet hast, blickst du kurz
zurück und schaust, wo du stehst. Kreuze bei den untenstehenden Aus-
sagen an, was auf dich zutrifft. Sei ehrlich zu dir selbst, ohne falsche
Bescheidenheit und ohne Selbstvorwürfe oder Entmutigung – es ist nur
eine Bestandesaufnahme, ohne Wertung, um zu erkennen, in welchem
Bereich du dich noch bemühen kannst... damit du wirst, was du bereits
bist.

Lernziele dieses Kapitels	Erreicht:	Ja	Nein
Ich habe erkannt, dass Denken und Fühlen verschiedene Ichs sind und zum Ego gehören. Oder: Ich habe verstanden, dass Denken und Fühlen ihre eigenen egoischen Ziele verfolgen, die nichts mit denjenigen meiner Seele zu tun haben müssen.		☐	☐
Es gelingt mir immer öfter, Denken und Fühlen zum Schweigen zu bringen oder unerwünschte Gedanken und Emotionen aus mir hinauszuwerfen. Oder: Den Teufelskreis von Denken und Fühlen kann ich nun unterbrechen, sobald ich mir bewusst werde, mich darin zu befinden. Oder: Ereignisse und Erfahrungen analysiere ich meistens ohne Emotionen und lasse sie los, wenn ich die Erkenntnis daraus gezogen habe.		☐	☐
Ich lebe jetzt weniger in der Vergangenheit oder baue Luftschlösser in die Zukunft.			
An meinen Überzeugungen und Meinungen halte ich nicht mehr so stur fest wie früher, ich bin offener für fremde Erkenntnisse.		☐	☐
Muss ich eine Entscheidung treffen, verlasse ich mich immer weniger auf meinen Verstand und bemühe mich, die Innere Stimme zu vernehmen.		☐	☐
Was aus meinem Unbewussten aufsteigt und mich steuert, erkenne ich als solches und halte es nicht mehr für etwas Höheres.		☐	☐
Ich praktiziere die innere Rezitation meines Mantra.		☐	☐

Mein weiterer Entwicklungsschritt

Notiere jetzt eine Einsicht/Herausforderung/Aufgabe, an der du arbeiten willst – aber nur eine!
Dann prägst du sie dir gut ein, bittest das Göttliche, dich dabei zu führen und dein Bemühen zu fördern, und lässt sie los. Du kannst jetzt mit dem nächsten Kapitel und dessen Aufgaben weiterfahren.

Den Entwicklungsschritt, den du hier aufgeschrieben hast, darfst du von Zeit zu Zeit nachlesen, gewissermaßen zur Erinnerung, aber beschäftige dich gedanklich nicht mehr damit. Den Impuls hast du nämlich gesetzt – überlass es dem Göttlichen, ihn so umzusetzen, wie es für dich gut ist.

....

....

....

....

....

....

....

....

....

....

....

....

....

....

....

Wünsche sind Luftschlösser, nicht auf festen Grund gebaut, egoische Fantasiegebilde, die uns unglücklich machen, wenn sie sich nicht erfüllen – und oft noch unglücklicher, wenn wir das Ersehnte erlangen und erkennen, dass das vermeintlich prächtige Schloss nur eine Ruine ist. Das Göttliche beschütze uns vor der Erfüllung unserer Wünsche!

3. Wünsche und Begehren

Themen dieses Kapitels
• Die Funktion der Wünsche für die Evolution • Der Baum der Erkenntnis • Bewertung als Grundlage der Wünsche • Gleichmut • Verzicht üben oder bloß auf Wünsche verzichten? • Glück finden in der Wunscherfüllung? • Der Wunsch zu helfen • Und der Wunsch, spirituell weiterzukommen? • Langweilige ewige Zufriedenheit!

Entwicklungsziel
Ich lerne, nicht zu werten, also Situationen und Ereignisse nicht in gut/schlecht, angenehm/unangenehm, schön/hässlich, ... einzuteilen und sie gleichmütig anzunehmen.
Ich lasse meine egoischen Wünsche und Abneigungen fallen und verbanne sie aus meinen Gedanken und meiner Rede, ohne meine echten Bedürfnisse zu unterdrücken.

Einführende Gedanken

Wunschlos glücklich

Glücklich zu sein ist unser angeborenes Recht, und zwar schon in *dieser* Welt, nicht erst im Paradies oder einem anderen Jenseits. Dieses Recht hat die Menschheit auch nicht verwirkt, als Adam und Eva den Garten Eden verlassen mussten. Es ist bloß keine Selbstverständlichkeit: Für die anhaltende Zufriedenheit müssen wir etwas tun.

→ Garten Eden: siehe Glossar Seite 230; vergleiche auch Seiten 102/103

Was braucht es denn, damit wir wunschlos glücklich sind? Oder umgekehrt gefragt: Was hindert uns daran? Im Wort selbst liegt das Geheimnis: *Wunsch-los*. Solange wir noch Wünsche haben, auf deren Verwirklichung wir hoffen und deren Nichterfüllung wir befürchten, werden wir nicht absolut glücklich sein.

Unsere Wünsche betreffen oft nur alltägliche Banalitäten, wie am Morgen ein Stündchen länger schlafen, wenn der Wecker schrillt, oder Sonnenschein statt Regen, ferner Materielles, etwa ein schönes Haus, einen tollen Urlaub, ein schnelles Auto. Weitere Wünsche richten sich an unser Umfeld und die Mitmenschen: Wir möchten einen interessanteren Job, einen freundlicheren Chef, nettere Kollegen; dann einen liebevolleren Partner, der auch treu, aufmerksam, sensibel ist und stets weiß, was wir gerade von ihm erwarten. Weiter geht es über existenzielle Wünsche, etwa Gesundheit, materielle Sicherheit, soziale Akzeptanz, zu den uneigennützigeren, wie der Wunsch, zum Wohl der Gesellschaft, der Menschheit, des Planeten beizutragen. Und schließlich wünschen wir spirituell Suchende uns, die Erleuchtung oder Gottesverwirklichung zu erlangen.

Wünsche prägen in der Tat unser gesamtes Leben. Doch solange auch nur ein einziger Wunsch in uns ist, und sei es der edelste, sind wir nicht wunschlos glücklich.

Der Sinn der Wünsche

Wünsche sind allerdings etwas Urmenschliches und sie spielten für die Evolution durchaus eine wichtige Rolle: Sie haben die Menschheit weitergebracht. Wo wären wir ohne unseren Wunsch nach Wissen, Erkenntnis, Entdeckung, Erforschung und ohne unser Streben nach Höherem?

→ Vergleiche Seiten 20 und 24 zur Bedeutung des Ego für die Evolution

Wünsche gehören aber zum Ego und sie *waren* wichtig für uns, um uns an den Punkt zu führen, an dem wir heute stehen. Auf dem spirituellen Weg jedoch, auf dem wir uns fortan bewegen, haben Wünsche keinen Platz mehr.

Gleichmut statt Himmelhochjauchzendzutodebetrübt

Wie gesagt, unser gewöhnlicher Alltag ist geprägt davon, dass wir bestimmte Dinge, Empfindungen, Situationen begehren und uns unglücklich fühlen, erlangen wir sie nicht. Das Gegenteil ist meistens noch belastender, ja leidvoller: etwas bekommen, das wir nicht haben wollen, etwa Krankheiten, körperliche und psychische Schmerzen, auferlegte Zwänge, lästige Pflichten und vieles mehr – alles was wir uns *weg-wünschen*.

Das „Drama des Lebens" mit seinen Hochs und Tiefs hat uns dabei voll im Griff: einmal unbändige Freude, ein andermal tiefste Betrübnis. Dieses Auf und Ab halten wir für normal: „So ist das Leben nun einmal".

So muss das Leben nicht sein! Denn in einem verborgenen Kämmerlein in uns wohnt allgegenwärtige Zufriedenheit, unabhängig von den äußeren Umständen. Gleichmut ist der Schlüssel, der uns diese Tür öffnet.

→ Dieses Thema vertiefe ich im nächsten Kapitel, Seiten 121ff.

Gleichmütig sein bedeutet: Leid, Schmerz, Unangenehmes ebenso willkommen zu heißen wie das, was wir gemeinhin als erfreulich und schön bezeichnen. Oder vorerst wenigstens als neutral zu betrachten. Sind wir krank, es nicht als negativ, lästig, leidvoll bewerten, sondern als gegeben annehmen; müssen wir eine Arbeit verrichten, die wir „hassen", sie ohne negative Empfindungen ausführen; verspüren wir Hunger und es bietet sich gerade keine Gelegenheit zu essen, den knurrenden Magen teilnahmslos akzeptieren.

→ Ich meine hier harmlose Erkrankungen, wie eine Grippe oder Kopfschmerzen. Um mit schweren, behindernden oder gar lebensbedrohlichen Leiden umzugehen, brauchen wir außer dem Gleichmut auch ein starkes Urvertrauen.

Auf der anderen Seite sind auch die beglückenden Ereignisse und Errungenschaften, die uns zu Luftsprüngen verleiten möchten, mit einer gesunden Portion Gleichmut entgegenzunehmen. Das will nicht heißen, wir dürften uns an dem, was uns zufällt, nicht erfreuen. Wir sind uns dabei jedoch bewusst, dass es eine *nebensächliche Gabe* ist und *nicht die Voraussetzung* für unser Glück, es ist sozusagen das Sahnehäubchen auf unserem ohnehin schon süßen Seelenfrieden. Unsere Freude äußert sich dann auch nicht in einem unbändigen Hochgefühl, sondern als eine ruhige, gesetzte Dankbarkeit.

Wertfreie Zufriedenheit

Nicht bekommen, was wir begehren, und besitzen, was wir nicht haben wollen: Das ist also das Hindernis zum Glücklichsein. Wir selbst errichten es durch den Genuss der verbotenen Frucht vom paradiesischen Baum der Erkenntnis, indem wir also *werten*, die Gegebenheiten und Ereignisse in schön/hässlich, gut/böse, angenehm/unangenehm aufteilen.

→ Zur biblischen Geschichte über den Baum der Erkenntnis siehe Seiten 102/103

Verzichten wir hingegen auf Bewertung, sind wir dem Paradies auf Erden ein Stück näher gerückt. So schaffen wir es dann auch, unsere Wünsche und Begehren fallenzulassen: Wir nehmen in jedem Augenblick an, was uns gegeben wird, wir tun in jedem Augenblick, was getan werden muss, wir vertrauen, dass alles, was uns geschieht, was uns gegeben wird, von einem Höheren kommt, gut für uns ist und uns auf dem spirituellen Weg weiterbringt. Dadurch finden wir zur Zufriedenheit, ja Glückseligkeit, die in der Seele verborgen nur darauf wartet, an die Oberfläche zu gelangen und uns durch die Erfahrungen in dieser Welt zu tragen, bis wir wieder zu unserer wahren Natur, der Göttlichkeit, erwachen.

→ Vergleiche Kapitel 5 von Band I; Info siehe Seite 233

Hin und wieder hört man sagen: „Ständige innere Zufriedenheit: wie langweilig! Es sind doch die Höhen und Tiefen das Salz und der Pfeffer des Lebens."
Die meisten Menschen sehen keinen Anlass, grundlegende Änderungen an ihrem (inneren) Leben vorzunehmen, solange sie im Drama des Lebens mit seinem Auf und Ab einigermaßen glücklich sind. Viele begeben sich erst auf die Sinnsuche oder den spirituellen Weg, wenn sie mit ihrem Dasein unzufrieden sind, wobei der Tiefpunkt, an dem sie angelangt sein müssen, bis sie sich genötigt fühlen, Schritte zu unternehmen, individuell ist.

Doch haben wir das spirituelle Leben einmal zu unserem Ziel erkoren, so streben wir die immerwährende Seligkeit des Göttlichen an (im Hinduismus Ananda genannt). Unsere Aufgabe besteht dann darin, die Dualität aufzulösen. Warm und kalt gibt es nicht mehr, weder schön noch hässlich, nicht gut und schlecht, kein Geliebtes und kein Verhasstes – alles ist eins. → Zum Auflösen der Dualität siehe Seite 103; vergleiche auch Seite 23 Um in diese göttliche Einheit zurückzukehren, müssen wir tatsächlich in allem das Göttliche erkennen, in dem, was uns behagt, ebenso wie in dem, was uns unangenehm ist, und beides als gleichwertig akzeptieren. Das ist dieser Gleichmut, der die Höhen und Tiefen des Lebens einebnet und uns die anhaltende Zufriedenheit schenkt, die nicht von Äußerem abhängt. Und das ist keineswegs langweilig! Im Gegenteil: Der einzige Weg, der Langeweile und dem Überdruss des irdischen Daseins auf Dauer zu entkommen und nicht ständig nach einem neuen Kick zu suchen, liegt darin, die eigene innere Entwicklung zum Ziel zu erklären – das macht das Leben jeden Tag von Neuem spannend.

* * *

Manchmal meinen wir, allein schon das Bemühen, einen Wunsch zu verwirklichen, schenke uns Zufriedenheit.
Strebten wir nicht nach Besserem und Höherem, wären wir müßige Nichtstuer. Es ist wichtig, Ziele zu haben, uns dafür einzusetzen, manchmal sogar dafür zu kämpfen, und wir

dürfen das Glücksempfinden, das in diesem Bemühen selbst liegt, genießen. Dabei sollten wir aber zwei Faktoren beachten und mit einbeziehen.

• Erstens: Wir sind uns bewusst, dass der Erfolg/Misserfolg unseres Unterfangens nicht in unserer Hand liegt. Mit unserem Wunsch geben wir nur einen Input – wir erzeugen eine Gedankenenergie – und handeln dann, wie es erforderlich ist. Das Ergebnis hingegen, also das Erreichen oder Nichterreichen des Ziels, hängt vom göttlichen Willen ab: Führt das Ersehnte uns auf dem spirituellen Weg weiter, werden wir es bekommen, andernfalls nicht. Damit wir eine bestimmte Lektion lernen, gehen manchmal auch Wünsche in Erfüllung, die uns dem Göttlichen nicht unmittelbar näherbringen; am Ende kommt es dann aber nicht so, wie wir es gerne gehabt hätten.

→ Vergleiche Kapitel 5 von Band I; Info siehe Seite 233

• Daraus folgt zweitens: Fällt das Ergebnis unseres Bemühens nicht so aus, wie wir es angestrebt hatten, müssen wir es mit Gleichmut annehmen und nicht mit dem Schicksal hadern. Gedanken wie „Ich habe mich so angestrengt, all meine Energie investiert, warum habe ich nichts erreicht?" oder „Schuld sind X und Y, die widrigen Umstände, das Pech" bringen uns nicht weiter. Vielmehr sollten wir ehrlich analysieren, ob wir wirklich unser Bestes gegeben haben – denn einzig darauf kommt es an –, und die Angelegenheit dann mit der Einsicht „Es sollte wohl nicht sein" auf sich beruhen lassen.

* * *

Sogar den Wunsch, spirituell weiterzukommen, müssen wir loslassen.

Jedem Wunsch, sei er materieller Natur wie ein schönes Haus, immaterieller wie Gesundheit oder spiritueller, also die Gottesverwirklichung, liegt ein Mangel an Urvertrauen zugrunde. Offenbar vertrauen wir nicht darauf, dass alles, unabhängig von unseren Wünschen, so kommt, wie es für uns und alle anderen gut ist. Deshalb ist jedes Begehren und Verlangen a priori hinderlich auf dem spirituellen Weg.

Selbstverständlich dürfen wir aber die Gottesverwirklichung, Erleuchtung oder wie wir es nennen wollen, ersehnen, in dem Sinne, dass wir sie zum Ziel unseres Lebens machen. Darüber hinaus liegt aber alles in göttlicher Hand: der Pfad, auf den wir zu diesem Zweck geführt werden, die einzelnen Erfahrungen und Erkenntnisse auf dem Weg, schließlich auch der Zeitpunkt, an dem der Schleier der Unbewusstheit, der uns vom Göttlichen trennt, fällt. Und dies völlig unabhängig von unserer Sehnsucht nach dem Göttlichen und auch *unabhängig von unserem Bemühen*. Deshalb kann ich nicht eindringlich genug davor warnen (und ich tue es immer wieder!), uns der Entmutigung, Frustration, Niedergeschlagenheit hinzugeben, wenn wir auf dem spirituellen Weg vermeintlich nicht so vorankommen, wie wir es uns wünschen und unserem Einsatz entsprechend für angemessen halten, oder bei Mitmenschen größere Fortschritte zu erkennen meinen. Solche negativen Empfindungen sind unangebracht und schädlich, denn: Es führen so viele Wege zum Göttlichen, wie es Menschen gibt, und jeder wandert auf einem eigenen Pfad und im eigenen Rhythmus, den, wie gesagt, nicht der Mensch bestimmt, sondern das Göttliche allein.

In diesem Zusammenhang will ich eine weitere Warnung aussprechen, nämlich die, bei Bittgebeten Vorsicht walten zu lassen, handle es sich um materielle/immaterielle oder um spirituelle Anliegen.

→ Warum Bittgebete so gefährlich sind, zeigt die sinnbildliche Geschichte auf den Seiten 100/101 in anschaulicher Weise.

Gegen Bittgebete an das Göttliche ist aber nicht grundsätzlich etwas einzuwenden, sofern wir sie in Demut vorbringen. Diese kann sich etwa darin äußern, dass wir an die Bitte einen Nachsatz hängen wie: „Erhöre meine Bitte nur, wenn sie deinem Willen entspricht und sie mich dir näherbringt." Dadurch überlassen wir die Erfüllung oder Nichterfüllung nämlich dem Göttlichen und erklären uns bereit anzunehmen, was auch kommt.

Ein derart vorgebrachtes Bittgebet wirkt durchaus positiv: Es verstärkt unsere Willenskraft und setzt einen Impuls frei, der in uns eine Veränderung fördern kann. Es wirkt also *auf uns selbst* positiv, denn dem Göttlichen zu sagen, was wir brauchen, ist natürlich überflüssig.

SINNBILDLICH

Von Leben zu Leben
Eine indische Geschichte, die Yogananda erzählte

Es lebte einmal ein frommer und reicher Junggeselle, der sich selbst für glücklich hielt; nur sein Magen war nicht so stark und er musste beim Essen auf vieles verzichten. Als er in hohem Alter im Sterben lag, betete er zu Gott, er möge ihm im nächsten Leben einen starken, gesunden Körper schenken, selbst wenn er dafür auf Reichtum verzichten müsste.

Er wurde tatsächlich mit einem starken, gesunden Körper wiedergeboren, aber in eine bitterarme Familie, wo er nie genug zu essen bekam. Als er am Verhungern war, sprach er in seinem letzten Atemzug zu Gott: „Was hat mir mein gesunder Körper genützt, wenn ich ihn nicht ausreichend ernähren konnte? Bitte gib mir im nächsten Leben Gesundheit und Geld, dann werde ich wunschlos glücklich sein."

Illustration:
Jakob Aerne

So geschah es. Doch wieder fehlte ihm etwas, nämlich ein Mensch, mit dem er sein Glück teilen konnte. Deshalb erbat er diesmal auf dem Sterbebett für das nächste Leben zusätzlich zu Gesundheit und Geld auch eine Frau, damit er nicht mehr so einsam wäre.

Sein Wunsch wurde auch dieses Mal erhört: Er heiratete eine schöne Frau. Doch bald zeigte sie ihr wahres Gesicht, das einer eifersüchtigen, nörgelnden, tyrannischen Frau, die ihn seiner Freiheit beraubte. Als er schließlich vor lauter Kummer im Sterben lag, betete er zu Gott, er möge ihm im nächsten Leben außer Gesundheit und Geld eine gute Frau schenken.

Wieder kam Gott der Bitte des frommen Mannes nach. Seine Frau war die Güte und Liebe in Person, sie war treu und weise. Doch nach zwei Jahren glücklicher Ehe starb sie. Der Mann war untröstlich und verbrachte den Rest seines Lebens als Einsiedler. „Bitte gib mir das nächste Mal nicht nur Gesundheit und Geld, sondern auch eine gute Frau mit einem langen Leben!", bat er Gott, als seine Zeit um war.

Es kam, wie er es sich gewünscht hatte. Nach 30 Jahren glücklicher Ehe verliebte er sich allerdings unsterblich in ein junges, hübsches Mädchen. Er trennte sich von seiner Frau und heiratete die neue Liebe. Diese blieb so lange an seiner Seite, bis sie ihm all sein Geld abgenommen hatte, und verließ ihn dann.

Da fand der Mann endlich zu seinem wahren Selbst zurück und betete zu Gott: „Ich habe nur noch einen Wunsch: Lehre mich, in jeder Situation glücklich zu sein, ob reich oder arm, gesund oder krank, allein oder in Zweisamkeit. Ich will nur noch dich und was du mir gewährst."

→ Vergleiche auch die erste Frage auf Seite 104

Sollten wir nicht grundsätzlich in diesem Leben Verzicht üben, also keine Wünsche haben, wie es gewisse Religionen fordern, damit es uns dann im nächsten besser geht?

Kann es tatsächlich der Sinn dieses Lebens sein, es asketisch oder leidvoll zu verbringen, um dann im nächsten – wo auch immer, im Paradies oder in einer künftigen irdischen Existenz – dafür belohnt zu werden und glücklich sein zu dürfen? Ich glaube nicht, sonst hätte das Göttliche sich nicht in dieser wunderschönen Welt manifestiert. Ich bin zutiefst davon überzeugt, dass wir *dieses* Leben genießen dürfen und sollen; die Frage ist für mich nicht, *ob* es unser Recht ist, sondern *wie* wir dies erlangen. Es dürfte in der Tat schwierig sein, solange wir an Menschen und Dingen, allgemein an Äußerem, haften. Hingegen lebt es sich leicht und zufrieden, sind keine Wünsche mehr vorhanden und nehmen wir in jedem Augenblick das an, was uns gegeben wird, ohne es als gut oder schlecht zu werten, in der Überzeugung: Es ist, wie es ist, und so wie es ist, ist es gut. Womit ich nicht sagen will, das versteht sich, alles auf der Welt sei „gut" und wir müssten uns nicht bemühen, manches zum Besseren zu wenden. Aber zuallererst ist es jetzt wichtig zu lernen, die Wünsche und Abneigungen fallen zu lassen, nicht mehr zu werten und gleichmütig anzunehmen, was uns auch immer zufällt. Dann fühlen wir in jeder Situation die innere Zufriedenheit, unabhängig von den äußeren Umständen in unserer nahen Umgebung und auf der ganzen Welt.

→ Mehr zur Anhaftung im nächsten Kapitel, Seiten 121ff.

→ Zu dem, was uns zufällt, vergleiche Kapitel 3 von Band I; Info Seite 233

* * *

→ Die Aussage zum Garten Eden steht auf Seite 94

War die Erde nicht in ihrer ganzen Evolution immer ein Ort des Kampfes und des Leidens und zu keiner Zeit ein Garten Eden?

Es gibt gläubige Menschen, welche die biblische Geschichte der Erschaffung der Welt und des Paradieses auf Erden für historisch wahr halten; auch in anderen Religionen existieren ähnliche Vorstellungen. In der Esoterik kennt man die Kontinente Atlantis und Lemuria, inzwischen im Ozean versunken, und verborgene Länder wie Shangri-La, deren Zivilisationen in Frieden und Liebe auf einem hohen spirituellen Niveau lebten, also gewissermaßen im Paradies. Es ist aber unwesentlich, ob wir daran glauben oder nicht; die Geschichte des verlorenen Paradieses lässt sich auf jeden Fall symbolisch deuten. Das ist schließlich auch ihr Sinn, wollen uns doch die heiligen Schriften aller Religionen etwas lehren, weshalb es nicht weiter wichtig ist, ob sie auf historischen Tatsachen beruhen oder nicht.

Nach der Bibel lebten also Adam und Eva im wahren Sinn des Wortes in einem Paradies auf Erden, alles war gut und schön, es war für sie gesorgt und sie waren glücklich. Bis sie vom Baum der Erkenntnis aßen, was Gott ihnen verboten hatte. Die Frucht dieses Baums verlieh ihnen die *Unterscheidungskraft zwischen Gut und Böse*.

Davor war alles einheitlich gewesen, sie hatten keine Unterscheidungen gekannt. So kam aber die Bewertung in die Menschheit, die Dualität. Fortan teilte sie ein in gut und böse, schön und hässlich, angenehm und unangenehm, erwünscht und verhasst und begann im Spannungsfeld der Gegensätze zu leben, die das Auf und Ab des Daseins ausmachen: Diese Dualität bestimmt seither unser Leben entscheidend, denn immer geht es darum, dass wir etwas wollen oder nicht wollen, und begehren, was wir nicht haben, oder loswerden möchten, was wir haben.

→ Zur Dualität siehe Seiten 23ff.

Unser Weg zum Göttlichen bedingt die Aufhebung der Dualität: Wir sehen und erfahren alles als das Eine, wir hören auf zu unterscheiden zwischen Geliebtem und Ungeliebtem. Dadurch kehren wir heim in dieses Paradies, das wir mit der Menschwerdung verlassen haben.

In der biologischen Evolution steht der Austritt aus dem Paradies symbolisch für den Moment, in dem mit der Gattung Homo eine Form von Bewusstsein erreicht wurde, die ein gewisses Maß an Wertung und freier Entscheidung ermöglichte gegenüber dem rein instinktiven/triebhaften Verhalten des Tieres.

Von einer spirituellen Warte aus betrachtet, ist dieser Moment ein weiterer Schritt, um die illusorische Trennung zwischen dem Menschen und dem Göttlichen aufzuheben, diese Trennung, die mit der Schöpfung erfolgte, als das

→ Vergleiche
Seite 23

Göttliche sein Bewusstsein aussandte in die Materie und den Schleier der Unwissenheit darüber legte.

* * *

Ist man nicht am einfachsten wunschlos, wenn man generell auf alles verzichtet?

→ Vergleiche
auch die erste
Frage auf
Seite 102

Warum sollten wir auf die Geschenke des Göttlichen verzichten? Es käme doch einer Beleidigung des Schenkenden gleich, lehnten wir all das Schöne und Gute in dieser Welt ab! Es geht nicht darum zurückzuweisen, was uns gegeben wird: Wir dürfen alles genießen und uns daran erfreuen, wenn und solange wir es haben. Die Unzufriedenheit entsteht ja erst mit dem Wunsch nach den Dingen, die wir nicht mehr oder noch nicht besitzen, beispielsweise auch mit der Sehnsucht nach einem Menschen, ist er uns gerade nicht nahe, und mit dem Begehren nach mehr, diesem Rattenschwanz von Wünschen – kaum ist einer erfüllt, steht schon der nächste an.

Generell ist es aber tatsächlich oft einfacher, ganz zu verzichten, als maßvoll zu genießen oder zu genießen, wenn es sich anbietet, und nichts zu vermissen, wenn es fehlt. Und meistens beschränkt sich unser Verzicht ja nur auf das Handeln, ohne dass es uns gelänge, den Wunsch auszulöschen. Es ist jedoch sinnlos, auf ein Stück Kuchen zu verzichten, dabei die ganze Zeit daran zu denken, wie gut er doch schmecken würde.

* * *

Was ist schlecht daran, wenn wir uns für unser Leben wünschen, etwas für die Umwelt zu tun oder anderen Menschen zu helfen?

Im Prinzip nichts. Auf die Motivation kommt es zum einen an und zum anderen darauf, ob diese Aufgabe tatsächlich für uns bestimmt ist.

→ Vergleiche
Kapitel 1 von
Band I über den
Sinn des Lebens
und die Lebens-
aufgabe; Info
Seite 233

Abgesehen von den offensichtlich egoistischen Gründen, sich für eine gute Sache oder Mitmenschen einzusetzen, gibt es auch egoische: um anerkannt und bewundert zu werden, sich selbst zu bestätigen oder etwas zu beweisen, eigene Ideen, Ideologien und Überzeugungen zu verwirklichen, jemanden zu beeindrucken, geliebt zu werden, uns gebraucht zu fühlen, gegen die eigene Einsamkeit anzukämpfen, andere negative Eigenschaften zu kompensieren. Nicht egoisch handeln wir nur, wenn wir einfach spüren, etwas sei zu tun, oder es sich uns anbietet und wir keinen Gedanken an Ergebnis und Verdienst verschwenden. Es uns zu *wünschen*, ist also bereits egoisch. Wie der höchste Gott in der Bhagavadgita betont: Es ist besser, wenn ein Mensch die seinem Wesen entsprechende Aufgabe erfüllt, selbst in unvollkommener Weise, als eine seinem Wesen fremde Aufgabe gut auszuführen.

→ Bhagavadgita: siehe Glossar Seite 229

Manchmal bewerten wir altruistische Tätigkeiten höher als simple Alltagsjobs und träumen davon, auch so heldenhaft und selbstlos zu handeln. Doch auf der Bühne des Lebens sind wir alle nur Schauspieler, der Bettler ist nicht mehr wert als der König, und das einzige, worauf es wirklich ankommt, ist, unsere Rolle so gut wie möglich zu spielen. *Unsere* Rolle, nicht die eines anderen. Und soll das Schauspiel interessant und vielseitig sein, kann es nicht nur Helden und Könige geben.

→ Vergleiche Kapitel 1 in Band I; Info siehe Seite 233

Abschließend noch folgender Gedanke: Es ist allemal besser, sich für eine gute Sache einzusetzen oder anderen Menschen zu helfen – unabhängig davon wie viel Ego in dieser Tätigkeit steckt – als schädlichen oder nutzlosen Beschäftigungen nachzugehen. Vielleicht wird uns mit der Zeit dann bewusst, dass unser Handeln so selbstlos doch nicht ist; somit haben wir die Lektion gelernt und können unsere Motivation bereinigen oder uns sogar einer anderen (Lebens-) Aufgabe zuwenden.

WEISHEITEN

Es gibt diese drei Empfindungen: angenehme Empfindung, unangenehme Empfindung, neutrale Empfindung. […] Das, was man als lustvoll und angenehm erfährt, körperlich oder psychisch, ist die angenehme Empfindung. Das, was man als schmerzlich und unangenehm erfährt, körperlich oder psychisch, ist die unangenehme Empfindung. Das, was man weder als angenehm noch als unangenehm erfährt, körperlich oder psychisch, ist die neutrale Empfindung. Die Neigung zum Wünschen muss aus der angenehmen Empfindung verbannt werden, die Neigung zum Widerwillen muss aus der unangenehmen Empfindung verbannt werden, die Neigung zur Unwissenheit muss aus der neutralen Empfindung verbannt werden.
Buddha

Was von außen her der Zufall bringt, ist nur vorübergehend. Das Vorübergehende soll man nicht abweisen, wenn es kommt, und nicht festhalten, wenn es geht. Darum soll man nicht um äußerer Auszeichnungen willen egoistisch werden in seinen Zielen, noch wegen äußerer Not und Schwierigkeiten es machen wollen wie die andern. Dann ist unsere Freude dieselbe im Glück und Unglück und man ist frei von allen Sorgen. Heutzutage aber verlieren die Leute ihre Freude, wenn das Vorübergehende sie verlässt. Von diesem Gesichtspunkt aus sind sie auch mitten in ihrer Freude immer in Unruhe. Darum heißt es: Die ihr Selbst verlieren an die Außenwelt, die ihr Wesen preisgeben an die andern, das sind verkehrte Leute.
Dschuang Dsi

Gelobt sei Gott, dass er mich nicht erhört hat! Er wollte mir helfen, ich hielt es jedoch für schmerzlich. Wie manches Gebet führt zu Verderben und Schaden – der gnädige Gott erhört es deshalb nicht!
Dschalaluddin Rumi

Geistige Glückseligkeit ist die wahre Grundlage des menschlichen Lebens, denn das Leben ist um des Glückes, nicht um der Sorge willen, zur Freude, nicht zum Leid erschaffen.
Baha'i Weisheit

Der Erhabene spricht: „Wenn ein Mensch alles Verlangen aus seinem Denken verbannt und im Selbst durch das Selbst zufrieden ist, dann nennt man ihn in seiner Einsicht fest gegründet."

Bhagavadgita II, 55

[Der Erhabene spricht:] „Wer alle Wünsche aufgibt und frei von Verlangen lebt und handelt, wer kein 'Ich' und 'Mein' hat, der erlangt den großen Frieden."

Bhagavadgita II, 71

Eine juckende Wunde zu kratzen, verschafft Erleichterung; doch weitaus angenehmer ist es, wenn gar keine juckenden Wunden vorhanden sind. Desgleichen verschafft weltliches Begehren durchaus Genuss; doch ohne Begehren zu sein, ist weitaus angenehmer.

Nagarjuna

Weder Atem- noch Leibesübungen haben einen Sinn, bevor ihr nicht zur Vorstellung gelangt seid: „Ich bin ein Zuschauer! Ich bin Geist! Mich kann nichts Äußeres berühren." [...] Ich bin im Bildersaal des Weltalls. Ich schaue auf die Bilderfolgen. Alle Bilder sind schön, ob gut oder schlecht, und ich sehe die wunderbare Kunst, die unendlich verschiedenen Lichtwirkungen des großen Malers. Keine Willensäußerung, kein Wunsch ist da. Er ist alles! Er – sie –, die Mutter spielt und wir sind Puppen, die ihr in diesem Spiel helfen. Jetzt kleidet sie einen in das Gewand eines Bettlers, dann in das eines Königs, im nächsten Augenblick in das Gewand eines Heiligen und dann wieder in das eines Teufels. Um der Mutter, dem Geist, im Spiel zu helfen, ziehen wir die verschiedenen Gewänder an.

Vivekananda

→ Atemübungen (Pranayama) und Körperhaltungen (Asana) sind im Hinduismus zwei anerkannte Praktiken auf dem Weg zur Erleuchtung.

Der göttliche Arzt behält dich so lange im Krankenhaus irdischer Täuschung, bis du von deinem krankhaften Verlangen nach materiellen Dingen geheilt bist. Dann lässt er dich nach Hause gehen.

Yogananda

✧ Die Wünsche, und seien es die edelsten, sind es, die mich daran hindern, zutiefst und anhaltend, also wunschlos glücklich zu sein.

✧ Auch etwas, was ich nicht haben will, *wegzuwünschen*, ist ein Hindernis zu meiner Zufriedenheit.

✧ Ich sollte meine Zufriedenheit nicht von äußeren Umständen abhängig machen: Sie ist immer in mir, ewig, unveränderlich.

✧ Ich höre auf zu bewerten: Es gibt kein Warm oder Kalt mehr, kein Angenehm oder Unangenehm, kein Schön oder Hässlich – alles ist mir eins. Ich verlasse die Dualität und kehre in die göttliche Einheit zurück.

❖ Welche großen unerfüllten Wünsche sind in mir? Und warum sind sie mir so wichtig? Sind sie *tatsächlich* so wichtig?

❖ Welches sind die alltäglichen kleinen Wünsche und Abneigungen, die mir das Leben schwer machen?

❖ Was empfinde ich als unangenehm oder leidvoll? Und warum eigentlich?

❖ Was frustriert mich? Und warum eigentlich?

❖ Was entmutigt mich? Und warum eigentlich?

❖ Warum ist es mir so wichtig, dass alles so läuft, wie ich es möchte? Ist es *tatsächlich* so wichtig?

❖ Teile ich das, was mir zufällt, ständig ein in gut und schlecht, erwünscht und verhasst?

❖ Habe ich schon einmal erlebt, dass ich Leidvolles oder das Nichterlangen von Ersehntem ganz gleichmütig angenommen habe? Und war das etwa nicht ein erhebendes Gefühl?

❖ Missbrauche ich die Wunschlosigkeit, um in Untätigkeit oder Apathie zu verfallen?

AUFGABE ZUR SELBSTVERÄNDERUNG

Entwicklungsziel

Ich lerne, nicht zu werten, also Situationen und Ereignisse nicht in gut/schlecht, angenehm/unangenehm, schön/hässlich, ... einzuteilen und sie gleichmütig anzunehmen.
Ich lasse meine egoischen Wünsche und Abneigungen fallen und verbanne sie aus meinen Gedanken und meiner Rede, ohne meine echten Bedürfnisse zu unterdrücken.

→ Bitte beachte „Tipps zum Umgang mit der Sonnwandeln-Reihe" auf Seite 17

Du kannst beide Aufgaben A und B wählen oder auch nur eine davon. Beide stellen Anforderungen an die Achtsamkeit beim Denken/Sprechen und an die innere Empfindung und Bewertung. Die Zusatzaufgabe ist eine Erkenntnisübung; du kannst sie einmal oder mehrmals ausführen.

Aufgabe A: Ich werte nicht.
Ich teile nicht in gut/schlecht, angenehm/unangenehm, ... ein: Es ist, wie es ist, und so ist es gut. Beispiele:
• Ich stelle fest: „Es ist heiß heute" (neutrale Feststellung) – und ich sage nicht: „Puah, ist das furchtbar heiß heute". Selbst wenn mir der Schweiß nur so herunterläuft, bemühe ich mich, diesen Zustand nicht als unangenehm zu empfinden (ändern kann ich ihn sowieso nicht).
• Ich stelle fest: „Mein Chef war heute ungerecht zu mir" (objektive Aussage) und füge hinzu, zumindest in Gedanken: „Aber das macht mir nichts aus, es hat nichts mit mir zu tun, es ist seine Angelegenheit, nicht meine" – und ich sage nicht: „Der Idiot ist immer so parteiisch und benachteiligt mich". Ich fühle mich nicht angegriffen oder bloßgestellt; ich versuche, mich dabei genauso gut zu fühlen, als hätte er mich gelobt – das stärkt mein Selbstwertgefühl. Zudem sagt mir mein Urvertrauen, niemand könne mich verletzen, wenn es nicht so für mich bestimmt sei, und es habe einen Sinn. Ich überlege, was es für mich bedeutet und was ich daraus lernen soll – meistens hat es nur den Sinn, mich Gleichmut zu lehren und/oder mein Selbstwertgefühl auf die Probe zu stellen.

- Ich stelle fest: „Ich putze heute die Wohnung" (emotionslose Aussage) – und ich sage nicht: „Ich muss heute die Wohnung putzen" mit dem Unterton „Ich habe überhaupt keine Lust, viel lieber ginge ich schwimmen". Und ich putze die Wohnung, ohne die Arbeit lange vor mir herzuschieben, ich erledige sie ganz gleichmütig. Vielleicht gelingt es mir dann sogar, Freude daran zu haben.

- Ich stelle fest: „Ich habe eine Halsentzündung" (neutrale Feststellung) und ergänze, zumindest in Gedanken: „Aber ich leide nicht darunter" – und ich sage nicht: „Mein Hals tut so weh, ich kann kaum schlucken, ich fühle mich soooo elend". Ich bemühe mich ernsthaft, die Schmerzen nicht als leidvoll zu empfinden und sie mir nicht wegzuwünschen. Voller Urvertrauen denke ich: „Wenn mein Hals entzündet ist, wird es schon einen Sinn haben." Dabei kann ich auch meine Selbstliebe stärken, indem ich mir beispielsweise Ruhe gönne – obwohl noch so viel zu tun wäre! – oder einen Freund um Hilfe bitte (für mich einkaufen gehen, mir einen Tee ans Bett bringen).

All dies schließt jedoch nicht aus, ein Schmerzmittel einzunehmen. Vermeidbares Leiden zu ertragen, ist sinnlos.

Aufgabe B: Ich achte auf meine Gedanken und meine Rede.

- Ich vermeide in meinen Gedanken und Worten Ausdrücke wie „Ich möchte unbedingt", „Ich wünsche mir sehnlichst", „Besäße ich doch bloß", „Ich liebe es so sehr, das und das zu tun", „Ohne das könnte ich nicht leben" und ähnliche, die Wünsche und Verlangen äußern. Ich versuche dabei zu unterscheiden zwischen dem, was ich tatsächlich will, weil es einem echten Bedürfnis meines Körpers entspricht (beispielsweise essen, wenn ich hungrig bin, schlafen, wenn ich müde bin) oder meiner Seele entspringt, und den unzähligen Wünschen meines Ego.

- Ferner vermeide ich Superlative und alle übertriebenen Äußerungen, besonders mit beliebten verstärkenden Wörtern wie *sehr, unheimlich, furchtbar, super, mega, wahnsinnig* und mehr. Einige Beispiele: „Dieser Film ist schön" und nicht „Dieser Film ist wahnsinnig schön"; „Ich bin müde" und nicht „Ich bin furchtbar müde"; „Ich bin froh, dass …" und nicht „Ich bin unheimlich froh, dass …".

Zusatzaufgabe: Den Gleichmut fördern
Ich begebe mich an einen Ort, der mir optisch nicht gefällt. Beispiele: eine viel befahrene Straße, ein bestimmter Raum eines Gebäudes, ein Bild oder Denkmal, eine schmuddelige Parkbank; fällt mir nichts ein, so spaziere ich einfach umher, bis ich auf etwas treffe, das mir hässlich oder abstoßend scheint.

Ich schaue dieses Bild an, schaue es genau an, bis ich ein Detail entdecke, das ich als schön empfinde, und sei es nur ein Farbtupfer, ein winzig kleiner Bestandteil des Ganzen. Beispiele: an einer schmutzigen Hausfassade ein Riss in der Form eines fröhlich auffliegenden Vogels; am Rand der viel befahrenen Straße ein einzelnes zartes Blümchen, das den Asphalt durchbohrt hat.

In dieses Detail vertiefe ich mich, dann weite ich meinen Blick wieder auf das Ganze aus und versuche, es gleichmütig zu betrachten, es nicht mehr als hässlich zu werten.

Noch einmal schaue ich das „schöne" Detail an und versuche, darin keinen Gegensatz zum Ganzen zu empfinden, es nicht als schöner zu werten.

Ich mache mir bewusst, dass in beidem das göttliche Bewusstsein wohnt und kein Unterschied zwischen den beiden existiert. Ich stehe jenseits jeglicher Wertung, ich nehme nichts Hässliches mehr wahr, auch nichts Schönes, ich sehe überall nur das Göttliche.

Nur Mut!

Du lebst schon im Paradies! Es ist in dir und mit ihm die dauerhafte Zufriedenheit. Schließ für eine Weile die Augen, vergiss die Welt um dich herum und all deine Gedanken und Empfindungen und spüre die ewige Glückseligkeit in deiner Seele. Von hier lässt du sie ausströmen und alles um dich einhüllen…

Wenn du die Augen wieder öffnest, weißt du, dass nichts außerhalb von dir deine innere Zufriedenheit beeinträchtigt – wie könnte es auch? Wie könnte irgendetwas, das außerhalb von dir geschieht, die Glückseligkeit in dir drinnen trüben? Sie gehört dir, sie ist allgegenwärtig und unveränderlich. Vergiss das nie!

Was auch geschieht, welche Gedanken oder Empfindungen dich auch bedrängen: Sie haben keine Macht mehr über dich, du hast sie als Illusion enttarnt.

Du weißt jetzt, dass du jederzeit die Augen schließen und dich in deine eigene, in die wahre Zufriedenheit, zurückziehen kannst. Und auch wenn du die Augen wieder öffnest und sich außerhalb nichts geändert hat: Du lässt dich nicht mehr zu Trübsal, Verdruss, Sorge und Angst verleiten. Du trägst die göttliche Glückseligkeit in dir.

AFFIRMATIONEN

→ Bitte beachte
die detaillierte
Anleitung
auf Seite 220

ICH BIN WUNSCHLOS GLÜCKLICH.

MEINE ZUFRIEDENHEIT LIEGT IN MIR, SIE IST IMMER DA.

MEIN EINZIGER WUNSCH IST, WUNSCHLOS ZU SEIN.

ALLE TÜREN ÖFFNEN SICH VON SELBST, ICH HABE ALLE
MÖGLICHKEITEN.

ICH LASSE ALLES LOS UND ÜBERGEBE ES DEM GÖTTLICHEN.

ICH LASSE JETZT MEINE WÜNSCHE UND BEGEHREN LOS.

ICH BIN DANKBAR FÜR ALLES, WAS MIR GEGEBEN WIRD.

ICH NEHME JEDE SITUATION DANKBAR AN UND MACHE DAS
BESTE DARAUS.

ICH ERFREUE MICH AN DEM, WAS MIR GEGEBEN WIRD, UND
LASSE ES WIEDER ZIEHEN.

ICH WIDERSTEHE DEN WÜNSCHEN MEINES EGO.

ICH FÜHLE IN MIR HARMONIE UND GLEICHMUT UND LASSE
ALLE KETTEN LOS.

IN MIR IST FRIEDEN UND GLEICHMUT.

DAS LEBEN IST EINFACH, WENN ICH LOSLASSE.

ICH FOLGE MEINEN ECHTEN BEDÜRFNISSEN UND WEISE
EGOISCHE WÜNSCHE AB.

MEDITATION

- Ich befinde mich an einem vertrauten Ort; hier fühle ich mich sicher und geborgen, ich spüre die Ruhe um mich und in mir.

→ Bitte beachte die detaillierte Anleitung auf Seiten 221ff.

- Ich lasse mich in mich selbst fallen, richte meine Aufmerksamkeit nach innen, in den Bereich hinter dem Herzen, in der Mitte der Brust.
- Alles um mich herum verschwindet und auch alle meine Gedanken und Empfindungen gehen aus mir heraus; es ist unwichtig, was außerhalb von mir ist. Ich bin ganz bei mir selbst.
- Ich verweile still an diesem Ort hinter meinem Herzen und spüre hier meine innere Zufriedenheit. Ich genieße sie, sie gehört mir, ich bin Zufriedenheit.
- Und ich weiß, dass sie immer an diesem Ort war und immer hier sein wird, in mir, ich kann jederzeit in sie eintauchen. Ich genieße sie, solange ich mag, und fühle mich wohl und geborgen in meiner inneren Zufriedenheit.
- Beginnt die Erfahrung zu verblassen, atme ich tief in den Bauch, öffne die Augen, verharre noch eine Weile regungslos, schaue um mich, spüre meinen Körper und bewege mich langsam.

EMPFOHLENE BACH-BLÜTEN

→ Bitte beachte
die detaillierte
Anleitung auf
Seiten 224ff.

Haupt-Blüten

Seelenzustand	Nr.
Ich scheue mich vor Kälte, grellem Licht, lauten Geräuschen usw. und/oder bin überempfindlich dagegen.	20
Ich beschäftige mich in Gedanken oft mit meinen Bedürfnissen und Wünschen, ich nehme sie sehr wichtig.	14
Wenn ich etwas will oder für richtig halte, kann ich mich fast fanatisch dafür einsetzen.	31
Ich bin sprunghaft, unausgeglichen.	28

Gewählte Blüten:

☐ ☐ ☐ ☐

Zusatz-Blüten

Seelenzustand	Nr.
Ich bin um andere überbesorgt, zerbreche mir den Kopf über ihre Probleme.	25
Ich lebe stark in meiner Fantasie, bin in Gedanken immer woanders.	9
Ich hänge an der Vergangenheit, denke oft daran und/oder spreche darüber.	16

Gewählte Blüten:

☐ ☐ ☐

EMPFOHLENER HEILSTEIN: GRÜNE JADE

→ Bitte beachte
die detaillierte
Anleitung auf
Seite 227

Anmerkung: Echte Jade findet man auf dem Mineralienmarkt praktisch nicht, denn sie ist unbezahlbar; grüne Jade (Nephrit) ist jedoch nah mit ihr verwandt und erhältlich.

Wirkung

Die Jade ist der Stein der Harmonie. Sie hilft, Vorurteile abzubauen, und schenkt Ausgeglichenheit, inneren Frieden und dadurch mehr Zufriedenheit.
Zudem stärkt sie die Zuversicht und das Selbstvertrauen, ebenso wie den Mut und die Tatkraft und trägt so zur Lebensfreude bei.

Anwendung

Vor dem Einschlafen etwa 20 Minuten lang auf die Stirn legen.

Reinigen und Aufladen

Erwärmt sich die Jade beim Auflegen auf den Körper nur noch langsam, sollte man sie unter fließendem lauwarmem Wasser reinigen. Danach über Nacht in einem Glas mit Amethyst-Trommelsteinen oder in einer Amethyst-Druse wieder aufladen. Nicht an der Sonne aufladen.

Nachdem du eine Weile – in der Regel mehrere Wochen – in deinem All-
tag zum Thema dieses Kapitels an dir gearbeitet hast, blickst du kurz
zurück und schaust, wo du stehst. Kreuze bei den untenstehenden Aus-
sagen an, was auf dich zutrifft. Sei ehrlich zu dir selbst, ohne falsche
Bescheidenheit und ohne Selbstvorwürfe oder Entmutigung – es ist nur
eine Bestandesaufnahme, ohne Wertung, um zu erkennen, in welchem
Bereich du dich noch bemühen kannst... damit du wirst, was du bereits
bist.

Lernziele dieses Kapitels Erreicht:	Ja	Nein
Ich habe erkannt, dass ich nur wunschlos glücklich sein kann, wenn ich keine Wünsche mehr habe, und bemühe mich im Alltag darum. Oder: Ich versuche, Situationen und Ereignisse nicht mehr in erwünscht / unerwünscht einzuteilen und alles gleichmütig zu betrachten. Oder: In meinen Gedanken und Worten vermeide ich inzwischen Verherrlichungen und übertrieben starke Wertungen.	☐	☐
Meine eher asketische Lebensweise lege ich nach und nach ab, ohne jedoch in Genusssucht zu verfallen. Oder: Es gelingt mir immer besser, mein Verlangen nach Genuss zu relativieren und auf übermäßigen Genuss zu verzichten, ohne jedoch asketisch zu leben.	☐	☐
Zuweilen gelingt es mir, die Zufriedenheit in mir zu spüren, ohne dass sie auf äußere Einflüsse zurückzuführen wäre. Oder: Ich habe verstanden, dass Gleichmut nichts Langweiliges ist, und ich bemühe mich vermehrt, dem Drama des Lebens mit Hochs und Tiefs zu entkommen.	☐	☐
Mehr und mehr schaffe ich es, zwar Wünsche und Pläne zu haben, jedoch mein Glück nicht von deren Erfüllung abhängig zu machen und loszulassen. Oder: Ich habe meine vermeintlich edlen Wünsche nach einer sinnvollen Lebensaufgabe und / oder anderen altruistischen Tätigkeiten weitgehend aufgegeben.	☐	☐

Mein weiterer Entwicklungsschritt

Notiere jetzt eine Einsicht/Herausforderung/Aufgabe, an der du arbeiten willst – aber nur eine!
Dann prägst du sie dir gut ein, bittest das Göttliche, dich dabei zu führen und dein Bemühen zu fördern, und lässt sie los. Du kannst jetzt mit dem nächsten Kapitel und dessen Aufgaben weiterfahren.

Den Entwicklungsschritt, den du hier aufgeschrieben hast, darfst du von Zeit zu Zeit nachlesen, gewissermaßen zur Erinnerung, aber beschäftige dich gedanklich nicht mehr damit. Den Impuls hast du nämlich gesetzt – überlass es dem Göttlichen, ihn so umzusetzen, wie es für dich gut ist.

....

....

....

....

....

....

....

....

....

....

....

....

....

....

....

Durch die Anhaftung an Vergänglichem bleiben wir nach buddhistischer Lehre im Kreislauf der Wiedergeburten gefangen und drehen uns darin weiter wie ein Zahnrad, das von einem anderen angetrieben wird – so lange, bis es uns gelingt loszulassen, innerlich loszulassen, nicht mehr an Dingen und Menschen zu hängen, und dadurch frei sind.

4. Anhaftung und Loslassen

Themen dieses Kapitels
• Das Vergängliche genießen, ohne anzuhaften • Loslassen, um nicht mehr zu leiden? • Anhaftung an geliebte Menschen • Bettelarm und asketisch durchs Leben? • Die Illusion, die Anhaftung besiegt zu haben • Den Verlust des Geliebten nicht fürchten • Leiden loswerden oder lernen, damit umzugehen?

Entwicklungsziel
Ich übe den Verzicht und ich trage ihn mit Gleichmut; ungeliebte Aufgaben, Arbeiten, Situationen nehme ich gleichmütig an und ungeliebte Empfindungen weise ich von mir.
Ich trenne mich bewusst von Dingen, an denen ich hänge, und versuche auch, meine Anhaftung an einen geliebten Menschen durch reine Liebe zu ersetzen.

Der Schmerz der Anhaftung

In der buddhistischen Lehre spielt die Anhaftung eine zentrale Rolle. Sie verursacht Leiden; das Nirwana, der radikale Ausweg aus dem Leiden, ist das Ziel des Buddhisten. Zugrunde liegt die Erkenntnis, dass alles vergänglich ist, jeder Gegenstand, jedes Lebewesen, aber auch jede Situation, jeder Zustand. Solange wir etwas Geliebtes besitzen, sind wir glücklich. Doch diesem Besitz wohnt die Möglichkeit, oft gar die Sicherheit inne, dass wir ihn irgendwann verlieren: Ein Gegenstand, an dem wir hängen, kommt uns abhanden oder geht kaputt, ein Mensch, den wir lieben, stirbt oder verlässt uns, wobei wir zuweilen ja bereits kurzzeitige Trennungen als schmerzhaft erfahren. Auch haben wir alle schon erlebt, wie wir ein beglückendes Ereignis, etwa der Besuch eines schönen Ortes oder eine angenehme Situation, wiederholen wollten und dabei schmerzhaft enttäuscht wurden, weil es nicht mehr wie das erste Mal war.

Wir hängen an den Dingen, an den Menschen, an den Zuständen. Meistens sind wir nicht in der Lage, alles wie in einem Film zu betrachten, der ein, zwei Stunden dauert, zu Ende geht – und das wars. Er ist einfach fertig und wir leiden nicht deswegen. Im wirklichen Leben fällt uns das Loslassen enorm schwer; schon eine kleine Veränderung, die uns nicht passt, kann Traurigkeit und Leid verursachen.

Die Lösung besteht nicht darin, überhaupt nichts mehr zu besitzen, keinen Menschen mehr zu lieben, keine Freude an Schönem mehr zu empfinden, da ja nicht der Besitz und der Genuss an sich das Leiden verursachen, sondern die Anhaftung daran. Es gibt kein anderes Mittel dagegen, als das Loslassen ständig zu üben; ein gefestigter Gleichmut und das Urvertrauen, dass alles, was uns geschieht, gut für uns ist und uns auf unserem Weg weiterführt, sind dabei die Grundpfeiler.

Mit den materiellen Dingen gelingt uns dies schon bald ziemlich gut. Wir verlieren eine Halskette, die Brieftasche mit viel Geld wird uns gestohlen, ein geschätzter Gegenstand geht kaputt: In diesen Fällen schaffen wir es meistens, den Verlust anzunehmen und den Dingen nicht nachzutrauern. Schon schwieriger ist es beim Davonlaufen der Katze oder dem Tod des Hundes. Und völlig frei von Leiden sind wir wohl nie, wenn ein geliebter Mensch von uns geht.

Das Loslassen rechtzeitig üben

Ist ein Verlust bereits eingetreten, hindert der Schmerz uns daran, uns mit der Anhaftung an sich auseinanderzusetzen; dann sind wir nur noch damit beschäftigt, das Leiden zu verarbeiten. Die Schule gegen die Anhaftung sollte beginnen, wenn die Gegenstände oder Menschen noch bei uns sind: Solange wir sie „besitzen", müssen wir lernen, uns an ihnen zu erfreuen, ohne an ihnen zu hängen und ohne ihren Verlust zu fürchten.

Sobald wir allerdings versuchen, innerlich, gefühlsmäßig einen Menschen, der immer noch bei uns ist, etwa den Partner, die Eltern, ein Kind, loszulassen und die Anhaftung abzubauen, meinen wir eine gewisse Gleichgültigkeit und Leere zu empfinden und es kommt uns vor, als liebten wir diesen Menschen nicht mehr. → Vergleiche Seite 132 Das Ego setzt nämlich Liebe mit Besitz gleich: Kann es nicht mehr besitzen, so liebt es auch nicht mehr. In solchen Situationen dürfen wir nicht aufgeben, nicht denken: „Besser mit Anhaftung lieben als gar nicht". Es gilt, diese Leere eine Weile auszuhalten. Wenn etwas wegfällt, entsteht ein Loch – ich nenne es lieber positiv „freier Raum" –, der sich erst wieder füllen muss, was eine Zeit lang dauern mag. Gefüllt wird die von der egoischen Liebe hinterlassene Lücke mit der Liebe der Seele, dieser bedingungslosen Liebe, die nichts erwartet und nichts fordert. Und nicht besitzt, nicht anhaftet. Den frei gewordenen Raum wieder zu besetzen, ist zugegebenermaßen ein langwieriges, hartes Stück Arbeit, das ständiges Üben im Alltag erfordert: Die vermeintliche Gleichgültigkeit wandeln wir dabei in Fürsorge um, die Distanz in Respekt, und langsam fühlen wir die wahre Liebe in uns wachsen.

Je früher wir mit den Bemühungen beginnen, die Anhaftung loszuwerden, desto eher sind wir dann bereit, wenn der geliebte Mensch uns verloren geht. Kommt es eines Tages zur Trennung, und dazu kommt es oft unweigerlich, spätestens durch den Tod, so werden wir dem Verlust, wenn auch noch nicht völlig schmerzfrei, so zumindest mit einem gewissen Maß an Gleichmut begegnen können. Ein Unterschied für unser Empfinden dürfte dabei darin liegen, ob der geliebte Mensch uns durch die Macht des Schicksals genommen wird oder ob er uns willentlich verlässt. Ist es uns bis zu diesem Zeitpunkt gelungen, frei oder wenigstens weitgehend frei von Anhaftung zu sein, so werden wir den Tod annehmen können. Geht der geliebte Mensch hingegen, weil er uns verlassen *will*, aus welchem Grund auch immer, so haben wir mit weiteren egoischen Empfindungen zu kämpfen, die nichts mit der Anhaftung zu tun haben: Verletzung, Angriff auf das Selbstwertgefühl, Eifersucht, Sorge um sein Wohlergehen und mehr.

→ Zum Thema Trennung siehe Kapitel 5 in Band III; Info Seite 235

Loslassen aus Selbstschutz und Loslassen aus Erkenntnis
Es ist legitim und verständlich, die Anhaftung zu bekämpfen, um nicht mehr leiden müssen; als erster Schritt ist diese Haltung durchaus empfehlenswert. Streng genommen und spirituell gesehen, kommt es dann allerdings einer *Flucht* vor dem Schmerz gleich und beruht auf der Angst vor dem Kommenden und dem Wunsch, nicht mehr zu leiden. Der nächste Schritt sollte daher auf der Erkenntnis beruhen, dass es für unsere innere Entwicklung und den spirituellen Weg unerlässlich ist, nicht an Irdischem zu hängen, weder an Dingen noch an Menschen, weil wir sie alle nicht brauchen: Allein das Göttliche ist unser Lebenssinn.

→ Vergleiche Kapitel 1 von Band II; Info siehe Seite 234

VERTIEFENDE ASPEKTE

Buddhistische Mönche (wie auch christliche) schwören dem Besitz ja ab: Würde der Buddha also widersprechen, dass nicht der Besitz und der Genuss es sind, die Leiden verursachen?

→ Diese Aussage steht auf Seite 122

Tatsächlich betrachten viele religiöse Traditionen und spirituelle Wege den Besitz als eines der großen Hindernisse; nicht zu Unrecht, ist es doch sehr, sehr schwierig, nicht an Besitz zu haften und sich Besitz nicht zu wünschen. Dennoch ist der springende Punkt: Nicht der Besitz selbst ist das Problem, sondern die Anhaftung daran. Es ist für viele Menschen nämlich leichter, *ganz* auf etwas zu verzichten, als *maßvoll* zu genießen, denn ein bisschen schreit immer gleich nach mehr. Folglich liegt die größere Leistung darin, zu besitzen und zu genießen und den Verlust nicht zu fürchten oder zu beklagen, als von vornherein auf alles zu verzichten und uns somit nicht um den Verlust sorgen zu müssen. Das bedeutet: Wir dürfen uns ein schönes Auto kaufen und uns daran erfreuen, sofern es uns ehrlich nichts ausmacht, es vielleicht morgen schon nicht mehr zu besitzen und wieder mit der Bahn zu fahren. Wir dürfen eine Beziehung mit einem geliebten Menschen eingehen, eine Familie gründen, sofern wir bereit sind, auch allein zu leben, und dem geliebten Menschen zugestehen, jederzeit von uns zu gehen und ohne uns glücklich zu sein.

Wünsche und Anhaftung sind urmenschlich: Wie könnten wir denn lernen, mit ihnen umzugehen und sie loszuwerden, wenn wir nie etwas besitzen? Das ist, als wollten wir das Schwimmen lernen, ohne je ins Wasser zu springen.

* * *

Die Grenze, nicht an Irdischem zu hängen und doch alles dieser Welt zu genießen, ist schwer zu ziehen.
Es ist eine Gratwanderung. Denn solange wir etwas besitzen und genießen, ist es leicht, uns einzureden, wir würden es kein bisschen vermissen, wäre es nicht mehr da. Dennoch ist es eine brauchbare Methode, uns jeweils zu fragen: „Würde es mir fehlen, wenn ich es nicht mehr hätte?"

→ Vergleiche Aufgabe zur Selbstveränderung aus Kapitel 3, Seiten 110ff.

Ferner sollten wir sofort an Anhaftung denken, wenn wir etwas *übertrieben* genießen, also einen Besitz oder Genuss verherrlichen: Manchmal schwärmen wir gänzlich hingerissen von einer Speise, einer Reise, einem Menschen, einem Erlebnis. Auch Aussagen wie „Ich kann mir nicht vorstellen, ohne sie zu leben", „Dieses Ding ist mir sehr, sehr wichtig", „Das möchte ich nicht missen" – Aussagen, die oft „nur so dahergeredet" scheinen – lassen Anhaftung vermuten und sind bewusst zu hinterfragen und zu vermeiden.

Im Übrigen sollten wir uns ehrlich bemühen, uns aber nicht verurteilen und nicht verzweifeln, falls wir die Anhaftung nicht immer klar erkennen oder feststellen müssen, dass wir uns getäuscht haben. Es lehrt uns ja das Leben, indem es uns Dinge und Menschen nimmt, an denen wir hängen, und uns dadurch immer wieder vor Augen führt, wie stark unsere Anhaftung noch ist, und uns die Chance bietet, weiter an uns zu arbeiten.

* * *

Ob sie aus Anhaftung entstehen oder aus einem anderen Grund: Traurigkeit und Leiden sind doch auch ein Teil des Lebens. Müssen wir sie unbedingt loswerden? Oder sollten wir nur lernen, „richtig" damit umzugehen?

Solche Äußerungen hört man immer wieder: Traurigkeit gehört zum Leben, Schmerz gehört zum Leben, Hochs und Tiefs gehören zum Leben...

Ja, sie gehören zum Leben, weil wir es zulassen. Doch es müsste nicht so sein, wir sind unseres eigenen Glückes Schmied. Bitte missversteht meine Aussage nicht, sie hat nichts gemein mit der überheblichen Haltung derjenigen, die aus einer momentanen Position von Stärke und Wohlergehen all jene gnadenlos verurteilen, denen es schlecht geht: „Sie sind selber schuld... Jeder kann sein Leben selbst gestalten, man muss es eben in die Hand nehmen... Die sollen nicht so zimperlich, wehleidig, schwach sein..."

Nein: Schmerz, Leiden, Traurigkeit sind nicht selbst verschuldet. Niemand würde sich das antun, wenn er es zu verhindern wüsste. Aber den meisten Menschen fehlt das Wissen, wie sie ihnen entgehen können. Darin bestand ja die große Leistung des Buddha: einen Weg aus dem Leiden zu suchen, den er schließlich auch gefunden hat.

Dennoch ist meine Aussage „Doch es müsste nicht so sein" nicht unrichtig. Ich muss sie nur präzisieren: „Ungeliebte" Empfindungen wie Traurigkeit, Verletztsein, Frustration, Demütigung und andere existieren zweifellos. Sie haben stets eine auslösende Ursache, ein Ereignis, eine Situation; diese ist jedoch an sich *wertfrei*, weder gut noch schlecht, und wird erst durch unsere Bewertung und Reaktion darauf für uns zu etwas Unangenehmem, Ungeliebtem, Unerwünschtem. Gelingt es uns hingegen, alle Empfindungen ohne Bewertung zu betrachten, hören die ungeliebten auf zu existieren – die geliebten allerdings auch. Genau das wollen viele Menschen nicht, sie hängen am Drama des Lebens mit seinen Hochs und Tiefs und verschmähen die Möglichkeit, ihm durch Gleichmut zu entkommen. → Vergleiche Seiten 95/96

All dies gilt selbstverständlich auch für physisches Leiden, wie Erkrankungen. In der Praxis ist es aber schwierig, körperliche Schmerzen wertfrei zu betrachten, und es erfordert viel Urvertrauen und innere Stärke. In der Theorie besteht jedoch kein Unterschied zwischen emotionalem und körperlichem Leiden, denn: Es gibt nichts außer dem Göttlichen, alles kommt von ihm, absolut wertfrei, alles ist das Göttliche, *wir sind das Göttliche*. Und wie könnte das Göttliche leiden? Es ist nicht leicht für uns Menschen, diese hohe Stufe des Gleichmuts zu erreichen, und doch ist es möglich, es ist das Ziel unseres spirituellen Weges: uns unserer Einheit mit dem Göttlichen bewusst zu werden, uns als Göttliches zu fühlen. Deshalb müssen wir *jegliches* Leiden, verstanden als unerwünschte Empfindung, unbedingt überwinden, denn es ist ungöttlich.

Der Asket und das Reh
Eine indische Geschichte

Der weise König Bharata lebte als Eremit. Eines Morgens betete er am Ufer eines Flusses, als eine trächtige Ricke, die gerade ihren Durst stillte, ins Wasser fiel und da ihr Junges gebar. Mit letzter Kraft schaffte sie es noch ans Ufer, wo sie vor Erschöpfung starb. Bharata sah das mutterlose Rehkitz im Strom treiben; mutig stürzte er sich hinein und rettete es. Er nahm es mit in seine Waldeinsiedelei, fütterte es, beschützte es gegen die wilden Tiere, streichelte und tröstete es. Trotz seiner spirituellen Pflichten, fand er immer Zeit für das Kitz. Er sagte sich: „Dieses hilflose Tier ist mir von Gott gesandt worden, damit ich es aufziehe."

Er empfand große Liebe für das junge Reh und verbrachte mehr und mehr Zeit mit ihm. Nach einer Weile hing er so sehr daran, dass er ständig besorgt war, es könnte ihm etwas zustoßen, wenn er nicht aufpasste, und bald dachte er an nichts anderes mehr.

Als Bharata schließlich im Sterben lag, zog sein ganzes Leben vor seinem geistigen Auge vorbei und machte ihn tief betroffen. „Meine Frau, meine Familie, mein Königreich habe ich verlassen", klagte er, um mich von allen Anhaftungen zu befreien – und bin der Anhaftung an ein Kitz verfallen."

Illustration:
Jakob Erne

Lieben wir unseren Partner, so ist es doch normal, ihn bei uns haben zu wollen – ist das bereits Anhaftung?

Anhaftung beginnt, wenn wir fürchten, ihn zu verlieren, ihn vermissen, falls er gerade nicht bei uns ist oder wenn wir leiden würden, ginge er von uns.

Die meistens auf Dauerhaftigkeit abzielende Vorstellung, der Partner *gehöre zu uns*, verrät sogar starke Anhaftung und führt unweigerlich zum Leiden, weil daraus die Angst und Sorge entsteht, den „Besitz" zu verlieren, und möglicherweise eines Tages der Schmerz, ihn tatsächlich verloren zu haben. Es ist hingegen keine Anhaftung, uns *im Augenblick* des Zusammenseins am Partner zu erfreuen; die *Vor*freude oder gar die Sehnsucht sind allerdings wiederum ein Zeichen dafür.

In diesem Zusammenhang noch ein Gedanke zum Thema „uns um andere sorgen". Ein Element dieser Sorge besteht darin, dass wir einem geliebten Menschen nichts Unangenehmes, schon gar nicht Leiden wünschen; das ist durchaus edel. Es steckt darin aber ein zweites Element, das jeder bei sich wahrnehmen kann, ist er ehrlich mit sich selbst, nämlich: Wir *ertragen* es nicht, einen geliebten Menschen leiden zu sehen. Sein Schmerz fügt also uns Schmerz zu. Und weil wir das vermeiden wollen, sorgen wir uns um unsere Lieben und versuchen, sie vor Leidvollem zu bewahren.

→ Vergleiche Seiten 201/202

* * *

Ist die Sehnsucht, die wir doch auch als ein schönes Gefühl empfinden, tatsächlich schon ein Zeichen für Anhaftung?
Gefühle in klare Worte zu fassen und einheitlich zu definieren, ist nicht möglich: Jeder empfindet und versteht sie anders. So kann Sehnsucht zehrend, brennend und, besonders wenn keine Aussicht besteht, sie zu stillen, äußerst schmerzhaft sein – also Leiden, das aus Anhaftung entsteht.

Das Wort Sehnsucht wird zuweilen aber auch synonym zu Liebe verwendet: Der Gedanke an den Geliebten erwärmt das Herz, wir sind erfüllt von Hingabe, Selbstvergessenheit und Einfühlung, und damit verbunden ist ein freudiges Sehnen, von dem wir wissen, dass es gestillt wird – es ist also kein Leiden.

Stellen wir uns in diesen Augenblicken der angenehmen Sehnsucht jedoch die Frage: „Wie würde ich mich jetzt fühlen, wüsste ich, dass ich den geliebten Menschen nie wieder sehe?" Echte Freiheit von Anhaftung erlaubt eine einzige Antwort: „Es würde sich für mich nichts ändern: Ich liebe diesen Menschen, ob er bei mir ist oder nicht, ob er mich liebt oder nicht, und der Verlust täte mir nicht weh."

* * *

→ Diese Aussage steht auf Seite 124 *Wenn wir die Anhaftung nicht aus dem egoischen Grund bekämpfen sollen, um nicht mehr zu leiden – war also der Buddha, der den Ausweg aus dem Leiden suchte, in seinem Ego verhaftet?!*

Nein, er ging in seiner Erkenntnis natürlich viel weiter. Man zitiert in der Regel lediglich so knapp und prägnant, der Buddha habe „den Ausweg aus dem Leiden" gelehrt. Er meinte damit den *Weg aus der Vergänglichkeit* (des Ego) in die Unvergänglichkeit (des Nirwana), das er als *Ungeschaffenes, nicht Bedingtes* bezeichnete. Wir können es auch *das Göttliche, das Eine, das Absolute* nennen. Das ist das Ziel jedes spirituellen Weges, unabhängig von den Unterschieden in der Terminologie und den einzelnen Schritten zu dessen Erlangung. Begibt ein Mensch sich auf diesen Weg, mag der Grund darin liegen, dass ein konkretes bestehendes Leiden oder die Angst davor ihn anfänglich dazu treiben. Um weiter voranzuschreiten, reicht dieser Grund aber nicht mehr aus: Entweder der Mensch verlässt den Weg wieder, sobald es ihm besser geht, oder er folgt ihm weiter aus Überzeugung, aus dem inneren Drang seiner Seele.

* * *

→ Diese Aussage steht auf Seite 122 *Ist es nicht unrealistisch, alles wie in einem Film zu betrachten, da unser Leben nach einer bestimmten Phase ja nicht gesamthaft zu Ende ist wie ein Film und wir auf dem weiteren Lebensweg die Menschen, die nicht mehr bei uns sind, zwangsläufig vermissen?*

Unser Leben geht tatsächlich auch nach einem Verlust weiter – was hindert uns denn daran, das Gewesene wie einen zu Ende gegangenen Film abzuschließen, nicht mehr emotional daran zu haften und in die neue Lebensphase einzutreten, als handelte es sich um einen neuen Film? Am vergangenen haben wir uns erfreut und daraus Erkenntnisse gesammelt, die wir in den neuen einbringen.

Das ganze Problem der Anhaftung liegt doch darin: Wir wollen einfach nicht loslassen, wir wollen bewahren und wir akzeptieren nicht, dass *alles* vergänglich ist und irgendwann ein Ende hat. Selbst wenn wir es rational akzeptieren, spielt die emotionale Ebene nicht mit. Wir vermissen den geliebten Menschen, sein Weggang hinterlässt bei uns eine Lücke. Und selbstverständlich können wir diese Empfindung nicht so leicht abschalten, wie man ein Licht ausknipst. Deshalb, ich kann es nicht genug betonen, ist es so wichtig, frühzeitig an uns zu arbeiten, um die Anhaftung zu überwinden; droht der Verlust unmittelbar oder ist er gar schon eingetreten, lässt sich kaum mehr dagegen ankämpfen. Diese Arbeit müssen wir vorher aufnehmen und erfolgreich bewältigen.

*   *   *

Selbst wenn wir das Loslassen geübt haben, nicht mehr (so stark) an Menschen und Dingen haften und uns einreden, alles komme so, wie es gut für uns ist, stellen wir in einer echten Verlustsituation dann fest, dass wir überhaupt nicht losgelassen hatten. Wie bewältigen wir es ganz konkret?

Es ist tatsächlich kaum möglich, selbst festzustellen, ob wir frei von Anhaftung sind, bis der Ernstfall nicht eintritt. Wie immer auf dem Weg der inneren Entwicklung sollten wir uns einfach bemühen, unser Bestes geben, uns an den kleinen Alltagssituationen messen und uns darin üben. Trifft uns dann irgendwann ein echter Verlust, werden wir entdecken, wie weit wir im Loslassen fortgeschritten sind. Vielleicht stellen wir beinahe erstaunt fest, dass der Verlust uns überhaupt nicht schmerzt. Vielleicht tut er aber auch furchtbar weh; doch selbst in diesem Fall sollte der Gedanke uns trösten, dass wir unser Möglichstes gegen die

→ Siehe Aufgabe zur Selbstveränderung Seiten 140/141

Anhaftung getan haben. Aus dieser Prüfung erwächst uns auch die Einsicht und die Kraft, weiterhin zu üben, und dazu war sie möglicherweise bestimmt.

Konkret lässt sich gegen Anhaftung nicht ankämpfen; sie ist nicht etwas Greifbares, das wir genau definieren und erkennen. Mehr und mehr frei von Anhaftung werden wir in dem Maße, in dem unser Urvertrauen, unser Selbstwertgefühl, unsere Hingabe an das Göttliche wachsen – daran müssen wir also konkret arbeiten.

Ist die Anhaftung dann auch noch nicht völlig gewichen, wenn ein Ernstfall eintritt, haben wir durch das Üben und Praktizieren vermutlich zumindest einen Bewusstseinszustand erlangt, bei dem wir mit dem Verlust besser umgehen und auch ein mögliches Leiden annehmen können in der Überzeugung, es sei am Ende zu unserem Guten und führe uns auf dem Weg weiter, nicht zuletzt auch, weil wir uns vor einer veränderten Situation nicht fürchten.

Es *ist* ein langer und vielschichtiger Weg, eine der aufwendigsten und schwersten Aufgaben, das gebe ich zu, und ich bin weit davon entfernt, darin die Vollkommenheit erlangt zu haben. Aber ebenso weiß ich: Wir sollten nie entmutigt sein, vermeintlichem Versagen und Rückschlägen nicht erliegen, niemals aufgeben, denn der Lohn unserer Mühsal ist ein weitgehend sorgenloses, befreites Leben.

Ich will noch aus meiner persönlichen Erfahrung erzählen. Vor bald vier Jahrzehnten, als ich mich erstmals seriös mit dem Buddhismus beschäftigte, bemühte ich mich intensiv, meine Anhaftung an meinen geliebten Lebenspartner zu lösen, und ich meinte, es sei mir weitgehend gelungen. → Seite 123 Allerdings trat genau das ein, was ich unter „Einführende Gedanken" erläutere: Ich fühlte mich absolut leer, als liebte ich meinen Freund nicht mehr, die Beziehung mit ihm war mir auf eine unheimliche Weise gleichgültig. Ich nahm diesen Zustand allerdings vorerst einmal hin und wartete ab.

Kurz darauf erkrankte mein Partner ernsthaft und ich bekam wahnsinnige Angst, er könnte sterben. Also war es wohl doch nur eine Selbsttäuschung gewesen zu glauben, ich hätte die Anhaftung besiegt.

Doch wieso hatte ich dann diese Leere gefühlt? Das verstand ich damals nicht. Erst später begriff ich, dass sich das

Ausmaß der Anhaftung, dem wir noch unterworfen sind, einfach nicht objektiv ermitteln lässt – unabhängig davon, wie stark wir uns bemüht haben und ob wir bereits eine gewisse Leere spüren oder nicht. Denn die innere Entwicklung verläuft nicht so linear, wie wir uns das manchmal vorstellen, und schon gar nicht bei jedem Menschen gleich, selbst unter scheinbar identischen Voraussetzungen und Gegebenheiten. Es ist demnach nicht zwingend, die Leere erst zu spüren, nachdem wir die Anhaftung *vollständig* abgelegt haben; die Leere kann schon ganz am Anfang unseres Bemühens entstehen, oder sie kommt gar nicht. Auf dem spirituellen Weg, das schreibe ich immer wieder, gibt es keine fixen Regeln und Gesetzmäßigkeiten. Außer der einen: Jeder, der sich ehrlich bemüht, schreitet voran und wird irgendwann das Ziel erreichen.

* * *

Selbst wenn wir uns der Liebe und der Treue des Partners recht sicher sind, fällt es uns zuweilen schwer, den Verlust nicht zu fürchten. Was können wir dagegen tun?
Der Verlust des Partners durch eine Trennung ist ein ganz besonderer Fall im weiten Themenbereich der Anhaftung; deshalb habe ich diesem Aspekt auch ein eigenes Kapitel im Band III der Sonnwandeln-Reihe gewidmet.

→ Kapitel 5 in Band III; Info siehe Seite 235

An dieser Stelle gebe ich folglich nur einige kurze Erläuterungen. Mit dem Verlust des Partners, eines der Menschen, die uns am nächsten stehen, mit dem wir zusammenleben, sind eine Menge anderer Verluste verbunden, unter anderem soziale Kontakte, die vertraute Umgebung, vielleicht auch finanzielle oder andere materielle Vorteile; all dies vervielfacht das Anhaftungsproblem. Und oft noch gewichtiger sind das Gefühl der Einsamkeit, Selbstzweifel, eine Schwächung des Selbstwerts und – ein Grundthema vieler Menschen – das Enttäuschtwerden durch jemanden, dem wir vertraut hatten.
Oft ist deshalb die Angst, der Partner könnte uns verlassen, sogar dann vorhanden, wenn kein objektiver Grund besteht. Ein Patentrezept, wie mit ihr umgehen, gibt es nicht. Dem einen hilft das Aufbauen des Urvertrauens, dass

alles, was uns im Leben zustößt, einen Sinn hat und dem Guten dient; ein anderer gelangt zur Überzeugung, wenn der Partner ihn verlassen wolle, sei er es nicht wert, ihm auch nur eine Träne nachzuweinen, und schützt sich so durch eine Art vorgezogener Verachtung; ein Dritter schafft es durch die Stärkung seines Selbstwertgefühls, indem er sich bewusst wird, dass er mit oder ohne Partner gleich viel wert und ohnehin niemals allein ist; und viele weitere Möglichkeiten.

* * *

Ist es wirklich einfacher, einen Menschen durch den Tod zu verlieren, als wenn er uns aus freiem Willen verlässt? Ist es nicht vielmehr so, dass wir im ersten Fall mit dem Schicksal hadern, das uns den Geliebten geraubt hat, während wir demjenigen, der uns verraten und verlassen hat, keine Träne nachweinen und bestenfalls Wut empfinden?

→ Seite 124 Meine Aussage in „Einführende Gedanken" lautet: „Ist es uns [...] gelungen, frei [...] von Anhaftung zu sein, so werden wir den Tod annehmen können." Die Voraussetzung, das Schicksal des Todes zu akzeptieren, liegt in diesem Zusammenhang darin, *die Anhaftung bereits (weitgehend) abgelegt zu haben.* Andernfalls wird uns der Verlust ebenso schmerzhaft treffen wie bei einer willentlichen Trennung, bei der, wie in der vorangehenden Antwort erwähnt, allerdings noch andere erschwerende Aspekte mitwirken.

Oder dennoch weniger schmerzhaft... oder viel schmerzhafter... Es gibt keine allgemeingültigen Regeln. Jeder Mensch erfährt solche Ereignisse seinen eigenen früheren Erfahrungen entsprechend und geht mit ihnen seinem eigenen Bewusstsein und Unbewussten gemäß um.

Folgendes will ich aber im Zusammenhang mit dem Tod noch hinzufügen: Wir hadern nur dann mit dem Schicksal und bezeichnen es als grausam oder ungerecht, wenn wir uns weigern, in einem Todesfall einen Sinn zu sehen, so wie in allem, was uns zufällt. Es ist natürlich durchaus verständlich, dass uns dies besonders schwerfällt, musste ein junger, „guter" oder „wertvoller" Mensch gehen.

Zusätzlich macht uns oft zu schaffen, dass der Tod etwas Endgültiges ist. Der geliebte Mensch ist für immer weg. Bei einer Trennung mag lange noch die Hoffnung auf ein Wiederzueinanderfinden bestehen oder wir schaffen es, mit dem Ex-Partner eine freundschaftliche Beziehung zu pflegen oder wir geben uns einer gewissen Wut und Verachtung hin, die uns gegenüber dem Schmerz immuner macht. Umgekehrt neigen wir dazu, unsere Beziehung zu einem Toten zu idealisieren, nur allzu gerne vergessen wir, dass nicht immer alles rosig war, und ziehen überhaupt nicht in Betracht, dass dieser Mensch, wäre er am Leben geblieben, uns in naher oder ferner Zukunft vielleicht aus freiem Willen verlassen hätte.

Nicht zu unterschätzen ist auch die Tatsache, dass wir mit einem Ex-Partner immer noch die Möglichkeit haben, Ungeklärtes zu besprechen und zu bereinigen, uns mit ihm auseinanderzusetzen – der Tod hingegen raubt uns diese Chance und wir leiden an Gesagtem oder Ungesagtem, Getanem oder Unterlassenem mehr als am Verlust selbst.

Wer hundert liebe Dinge hat, hat hundert Leiden; wer neunzig…,
zehn…, fünf…, zwei liebe Dinge hat, hat neunzig…, zehn…, fünf…,
zwei Leiden; wer nichts Liebes hat, der hat kein Leiden. Trauerlos, ohne
Leidenschaft und frei von Verzweiflung sind sie, so sage ich. Welche
vielfältige Trauer, welche Kümmernisse, welche Leiden in der Welt es
auch gibt: Durch Liebes bedingt entstehen sie; sie entstehen nicht,
gibt es nichts Liebes.
Buddha

Tod und Leben, Existenz und Nichtexistenz, Erfolg und Misserfolg,
Wohlstand und Armut, Tugend und Laster, Klugheit und Dummheit,
Lob und Tadel, Durst und Hunger, Wärme und Kälte wechseln einander
ab, verwandeln sich ständig und formen das Schicksal. Ebenso folgen
Tage und Nächte aufeinander, wer weiß, seit wann…
Aber alle diese Erscheinungen dürfen weder den Körper noch den
Geist stören: Es genügt, Tag für Tag seine Ruhe zu bewahren, in Frieden
mit den anderen zu leben, sich an die Umstände anzupassen und so
seine naturgegebenen Talente zu entwickeln.
Dschuang Dsi

[Der Erhabene spricht:] „Wer das Erfreuliche nicht begehrt und nicht
jubelt, wenn es ihm zufällt, wer vor dem Unerfreulichen nicht zurück-
schreckt und nicht betrübt ist, wenn es ihn befällt, wer keinen Unterschied mehr macht zwischen glücklichen und unglücklichen Ereignissen, dieser ist mir lieb. Gleichmütig gegenüber Freund und Feind,
gleichmütig gegenüber Ehrung und Beschimpfung, Freude und
Schmerz, Lob und Tadel, Sorge und Glücklichsein, Hitze und Kälte,
schweigsam, zufrieden und sich bescheidend mit allem und jedem,
nicht verhaftet an eine Person oder Sache, Ort oder Heim, gefestigt im
Geist, ein solcher Mensch ist mir lieb.‟
Bhagavadgita XII, 17 ff.

Wessen Geist inmitten von Betrübnis ungetrübt und inmitten von
Freuden frei von Begehren ist, wer Vorlieben, Angst und Zorn aufgege-
ben hat, ist ein Weiser mit gefestigter Erkenntnis. Wer keine Anhaftung
empfindet und weder hasst noch sich freut, wenn Gutes oder Schlechtes eintreten, dessen Verstand ist auf Weisheit fest begründet.
Bhagavadgita II, 56 f.

Ein Mann, der die Weisheit liebte, kam zu einem, der sich in Meditation zurückgezogen hatte, und bat, als Schüler angenommen zu werden. Der Meister der Meditation erwiderte: „Mein Sohn, der Himmel segne dich, denn deine Absicht ist gut. Aber sag mir zuerst: Hast du die Gelassenheit erlangt oder nicht? [...] Wenn ein Mensch dich ehrt und ein anderer dich demütigt, sind in deinen Augen beide gleich oder nicht?"

Er antwortete: „Beim Leben deiner Seele, Meister! Ich empfinde Freude und Befriedigung durch den, der mich ehrt, und Schmerz durch den, der mich demütigt. Dennoch bin ich nicht rachsüchtig und hege keinen Groll gegen ihn."

Der Meister sagte: „Mein Sohn, geh hin in Frieden. Solange du die Gelassenheit nicht erlangt hast und dich immer noch gedemütigt fühlst durch etwas, das dir angetan wird, bist du nicht bereit, deine Gedanken auf das Hohe zu richten. Du bist nicht bereit, dich in Meditation zurückzuziehen. Also geh und demütige dein Herz weiterhin ernsthaft, bis du die Gelassenheit erlangt hast. Dann kannst du das Alleinsein erfahren."

Isaak von Akko

Eine Emotion ist die gewohnheitsmäßige Anhaftung, die uns automatisch Erfahrungen danach einordnen lässt, ob unser Ego sie als anziehend (Gier), abstoßend (Abneigung, Hass) oder neutral (Verblendung) empfindet. Je stärker die Anhaftung ist, desto heftiger werden auch unsere Reaktionen sein, bis sie schließlich die Schwelle zum bewussten Geist überfluten und sich als jene deutlichen Gefühlsregungen manifestieren, die wir normalerweise Emotionen oder auch störende Gefühle nennen.

Gendün Rinpoche

Im Gegensatz zu dem, was einige Leute glauben, ist gegen Genuss und Vergnügen nichts einzuwenden. Wogegen etwas einzuwenden ist: die irrige Art und Weise, in der wir Genuss und Vergnügen anhaften, was sie von einer Quelle des Glücks in eine Quelle des Leids und der Unzufriedenheit verwandelt.

Lama Yeshe

Liebe, Hass, Erwartungen: Sie alle sind Anhaftung. Die Anhaftung verhindert die Entwicklung des eigenen wahren Wesens.

Lao Tse

✧ Alles, was ich besitze oder zu besitzen meine und an dem ich hänge, kann ich verlieren, und dieser Verlust wird mir Schmerz bereiten.

✧ Die Lösung besteht nicht darin, gar nichts mehr zu besitzen oder zu genießen, sondern es *innerlich* loszulassen.

✧ Wird mir etwas genommen, verliere ich etwas, geht jemand von mir, so hat es einen Sinn und ist gut für mich.

✧ Mit der Anhaftung muss ich mich auseinandersetzen, solange die Dinge und Menschen noch bei mir sind und nicht erst, wenn ihr Verlust bereits eingetreten ist.

✧ Das Loslassen kann in mir eine gewisse Leere verursachen, die ich jedoch aushalte, bis sie sich mit Höherem füllt.

✧ Gibt es Dinge und/oder Menschen, an denen ich so sehr hänge, dass mich ihr Verlust schmerzen würde?

✧ Täusche ich mich vielleicht selbst, wenn ich mir einrede, an nichts mehr zu hängen?

✧ **Brauche ich einen konkreten Grund, um etwas, an dem ich hänge, loszulassen, oder schaffe ich es aus der reinen Erkenntnis, die Anhaftung müsse überwunden werden?**

✧ Gibt es einen Verlust in meinem bisherigen Leben (eines Gegenstands oder eines Menschen), der mich immer noch schmerzt oder an den ich mit Wehmut denke?

✧ Fällt es mir schwer, veränderte Situationen anzunehmen?

✧ Verunmöglicht mir der Gedanke, eines Tages etwas Bestimmtes nicht mehr besitzen oder genießen zu können, die Freude daran?

Aufgabe zur Selbstveränderung

Entwicklungsziel

Ich übe mich im Verzicht und trage ihn mit Gleichmut; ungeliebte Aufgaben, Arbeiten, Situationen nehme ich gleichmütig an und ungeliebte Empfindungen weise ich von mir.
Ich trenne mich bewusst von Dingen, an denen ich hänge, und versuche auch, meine Anhaftung an einen geliebten Menschen durch reine Liebe zu ersetzen.

→ Bitte beachte „Tipps zum Umgang mit der Sonnwandeln-Reihe" auf Seite 17

→ Seite 143

Es ist von Vorteil, wenn du alle Teile der Hauptaufgabe angehst und dich etwa einen Monat lang damit beschäftigst. Die Zusatzaufgabe ist einmalig und wichtig, damit du bei dir selbst wahrnimmst, wie du empfindest, welche Gedanken in dir aufkommen bei der Trennung von einem geliebten Gegenstand. Das Loslassen eines geliebten Menschen schließlich übst du durch die „Imagination".

Hauptaufgabe
- *Auf etwas Geliebtes verzichten*
Ich verzichte einen Monat lang auf etwas, was ich wirklich gerne mag und (fast) täglich genieße/tue. Beispiele: Kaffee (Wein, Schokolade, ...); Zeitung lesen zum Frühstück; Lieblingssendung im Fernsehen; Mittagsschläfchen; Tragen eines bestimmten Schmuckstückes; Radiohören im Auto. Ich empfinde dabei Gleichmut, ich fühle, dass es mir nichts ausmacht, darauf zu verzichten, und ich denke nicht die ganze Zeit daran, wie gerne ich es jetzt doch hätte/täte!
- *Etwas Ungeliebtes gleichmütig annehmen*
Ich tue einen Monat lang etwas, was mir widerstrebt. Beispiele: Treppen steigen statt Aufzug fahren; *regelmäßig* ins Fitness-Training gehen; die Wäsche sofort bügeln anstatt sie tagelang liegen zu lassen. Ich empfinde dabei Gleichmut, es macht mir nichts aus, es zu tun: Ich denke nicht die ganze Zeit „Wie mühsam!", „Ich hasse das!"
- *Ungeliebte Empfindungen wegweisen*
Ich versuche bewusst, alle im weitesten Sinne leidhaften Empfindungen (Traurigkeit, Frustration, Eifersucht, Ärger, Wut, ...) zu vermeiden, indem ich achtsam bin und sie be-

wusst wahrnehme, sobald sie aufkommen, dann augenblicklich von mir weise. Beispiele: Etwas Geliebtes geht kaputt oder verloren; ein Mitmensch verhält sich nicht so, wie ich es gerne hätte. Die aufkommenden negativen Empfindungen kann ich bildlich aus mir hinauswerfen („Geh, du gehörst nicht zu mir!") oder ich ziehe mich in meine Seele zurück (in der Mitte der Brust, hinter meinem Herzen), wo mein Gleichmut und mein Friede weilen.

→ Siehe Seiten 184/185

→ Vergleiche Seite 115

Zusatzaufgabe
Ich gebe etwas weg, an dem ich wirklich hänge, wenn möglich an einen Menschen, der diesen Gegenstand (schon lange) gerne hätte oder gut brauchen kann oder von dem ich meine, er verdiene ihn nicht. Es kommt nicht auf den materiellen, sondern auf den emotionalen Wert an. Beispiele: mein selbst eingemachtes Gemüse, das mich viel Arbeit gekostet hat und mit dem ich geize; ein Glücksbringer, den ich immer bei mir trage; ein Buch, das ich nicht mehr beschaffen kann. (Kenne ich niemanden, für den sich der Gegenstand, von dem ich mich trennen will, als Geschenk eignet, so deponiere ich ihn mit einem Zettel „Zum Mitnehmen" an einem Ort, an dem ihn sicher jemand findet und mitnimmt.)
• Nachdem ich den Gegenstand gewählt habe, lege ich ihn an eine Stelle, wo ich ihn einen ganzen Tag lang immer wieder sehe. Ich fühle, wie ich mich mit Gleichmut von ihm trenne: Er ist zwar schön (oder erinnerungsträchtig, für mich bedeutend), aber ich hafte nicht an ihm – ich habe ihn genossen, aber es ändert sich nichts, wenn er nicht mehr bei mir ist.
• Am nächsten Tag packe ich ihn liebevoll in Geschenkpapier ein, ich spüre die Vorfreude des Schenkens. Wiederum lasse ich ihn einige Tage liegen; jedes Mal, wenn ich ihn sehe, fühle ich, wie ich nicht mehr an ihm hänge.
• Schließlich übergebe ich das Päckchen dem Beschenkten (oder lege es irgendwo ab), ich fühle Gleichmut und teile die Freude, die das Geschenk meinem Mitmenschen bereitet. Sollte er sich nicht in dem Maße freuen, wie ich mir vorgestellt hatte, oder seine Freude nicht zeigen, nehme ich auch das gleichmütig an; es verletzt mich nicht, enttäuscht mich nicht, ich empfinde keine Reue.

Affirmationen

→ Bitte beachte
die detaillierte
Anleitung
auf Seite 220

ICH BIN FREI UND LASSE FREI.

ICH BIN FREI VON ANHAFTUNG AN MENSCHEN UND DINGE.

ICH LASSE [NAME EINES MENSCHEN, AN DEM ICH HÄNGE] LOS.

ICH FÜHLE IN MIR HARMONIE UND GLEICHMUT UND LASSE
ALLE KETTEN LOS.

ICH LASSE ALLES LOS, WAS MICH BINDET.

FURCHTLOS LASSE ICH JETZT ALLE UNERWÜNSCHTEN
BEZIEHUNGEN LOS.

ICH LASSE ALLES LOS UND ÜBERGEBE ES DEM GÖTTLICHEN.

ICH BEKOMME IN JEDEM AUGENBLICK, WAS ICH BRAUCHE.

ICH BIN GERNE ALLEIN UND RUHE IN MIR SELBST.

DAS LEBEN IST EINFACH, WENN ICH LOSLASSE.

DAS LEBEN IST SCHÖN, WENN ICH LOSLASSE.

ICH TRAGE DIE VERANTWORTUNG FÜR MEIN LEBEN
MIT FREUDE.

ICH FÜHLE MICH IN MIR SELBST GEBORGEN.

- Ich befinde mich an einem vertrauten Ort; hier fühle ich mich sicher und geborgen, ich spüre die Ruhe um mich und in mir.

→ Bitte beachte die detaillierte Anleitung auf Seiten 221ff.

- XY [ein Mensch, an dem ich hänge, der jedoch nicht von mir gegangen ist], setzt sich neben mich; wir reden nicht, schauen einander nicht an; er ist einfach da und ich fühle meine Liebe zu ihm.

- Ich sehe die Kette, mit der er an mich gefesselt ist: Das eine Ende umschließt sein Handgelenk, das andere halte ich fest in meiner Hand.

- Ich bin bereit loszulassen: Ich lege die Kette aus meiner Hand auf die Erde, dann löse ich die Kette von seinem Handgelenk und lege sie ebenfalls nieder. Die ganze Kette löst sich in nichts auf.

- Der geliebte Mensch steht auf und entfernt sich langsam, ohne sich zu verabschieden, ohne mich anzusehen, er verlässt mich. Ich schaue ihm nach, wie er sich immer weiter entfernt, bis er am Horizont verschwindet. Ich weiß, dass er für immer weg ist, ich werde ihn nie wieder in meiner Nähe haben. Ich lasse mich ganz in meine Empfindungen fallen, und nehme mir die Zeit, sie genau zu spüren.

- Dann richte ich meine Aufmerksamkeit in den Bereich hinter dem Herzen, in der Mitte meiner Brust. Ich fühle die Liebe zu diesem Menschen sich von hier ausbreiten, sie erfüllt meinen ganzen Körper, sie ist orangerot, warm, glühend; sie ist einfach da und hält an.

- Jetzt breitet sich eine weitere Empfindung von meinem Herzen aus, sie ist strahlend weiß: Es ist der Gleichmut, er fühlt sich gut an, ruhig, leicht. Er breitet sich in meinem ganzen Körper aus und vermischt sich mit der orangeroten Liebe. Liebe und Gleichmut werden eins. Ich genieße diese gleichmütige Liebe und diesen liebenden Gleichmut, so lange ich mag, fühle mich wohl und geborgen und frei.

- Beginnt die Erfahrung zu verblassen, genieße ich noch einen Moment den Frieden und die Ruhe in mir. Dann atme ich tief in den Bauch, öffne die Augen, verharre eine Weile regungslos, schaue um mich, spüre meinen Körper und bewege mich langsam.

→ Bitte beachte
die detaillierte
Anleitung auf
Seiten 224ff.

Haupt-Blüten

Seelenzustand	Nr.
Ich mache mir oft Sorgen um Menschen, die mir nahe stehen und/oder ich konnte mich von einem geliebten Menschen noch nicht lösen.	25
Ich hänge an vergangenen Ereignissen, denke oft wehmütig daran und/oder komme über einen Verlust nicht hinweg.	16
Ich brauche meine Mitmenschen und/oder ich kann schlecht allein sein.	14
Ich bin besitzergreifend und/oder habe Angst, Besitz oder Menschen zu verlieren.	8

Gewählte Blüten:

☐ ☐ ☐ ☐

Zusatz-Blüten

Seelenzustand	Nr.
Manchmal hänge ich so sehr an einer Idee, einem Vorhaben, dass ich mich zu fanatisch dafür einsetze.	31
Ich hege Groll gegen jemanden und/oder ich bin verbittert.	38
Meine Gedanken (über eine bestimmte Situation oder einen Menschen) kreisen ununterbrochen in meinem Gehirn.	35
Ich bin neidisch und/oder eifersüchtig.	15

Gewählte Blüten:

☐ ☐ ☐ ☐

EMPFOHLENER HEILSTEIN: APOPHYLLIT

→ Bitte beachte
die detaillierte
Anleitung auf
Seite 227

Wirkung

Der Apophyllit ist der Stein des Loslassens und der Befreiung. Er hilft gegen Anhaftung, indem er einerseits das Selbstbewusstsein und die Zuversicht stärkt, auch im Hinblick auf neue Lebenssituationen, und andererseits von äußerem Druck, schlechtem Gewissen, Schuldgefühlen, Unsicherheit und alten Mustern befreit.

Anwendung

Auf dem Körper tragen mit Hautkontakt.

Reinigen und Aufladen

Einmal im Monat unter fließendem lauwarmem Wasser reinigen; anschließend für einige Stunden auf einer Bergkristallgruppe aufladen.

*Nachdem du eine Weile – in der Regel mehrere Wochen – in deinem All-
tag zum Thema dieses Kapitels an dir gearbeitet hast, blickst du kurz
zurück und schaust, wo du stehst. Kreuze bei den untenstehenden Aussagen an, was auf dich zutrifft. Sei ehrlich zu dir selbst, ohne falsche
Bescheidenheit und ohne Selbstvorwürfe oder Entmutigung – es ist nur
eine Bestandesaufnahme, ohne Wertung, um zu erkennen, in welchem
Bereich du dich noch bemühen kannst... damit du wirst, was du bereits
bist.*

Lernziele dieses Kapitels Erreicht:	Ja	Nein
Es ist mir recht gut gelungen, auf etwas Geliebtes zu verzichten oder etwas Ungeliebtes gleichmütig zu akzeptieren (für eine Weile oder gänzlich).	☐	☐
Ich nehme jetzt realistischer wahr, in welchen Bereichen meine Anhaftung noch zu stark ist, und arbeite daran. Oder: Ich habe erkannt, dass der Verlust bestimmter Dinge und/oder Menschen für mich leidvoll wäre, und arbeite daran.	☐	☐
Den Schmerz über einen Verlust aus der Vergangenheit konnte ich jetzt loslassen. Oder: Meine Verlustangst ist schwächer geworden.	☐	☐
Ich habe erkannt, dass meine Liebe für Mitmenschen nicht frei von Anhaftung ist, und arbeite daran, diese zu überwinden, ohne dass sich meine Liebe vermindert.	☐	☐
Es gelingt mir immer besser, maßvoll zu genießen, anstatt asketisch ganz darauf zu verzichten oder in die Maßlosigkeit zu verfallen.	☐	☐
Mein Gleichmut gegenüber Situationen, die Empfindungen wie Traurigkeit, Verärgerung, Wut, ...auslösen könnten, ist gewachsen. Oder: Ich schaffe es zuweilen, ungeliebte Empfindungen aus mir hinaus zu werfen, sobald sie auftreten.	☐	☐

Mein weiterer Entwicklungsschritt

Notiere jetzt eine Einsicht/Herausforderung/Aufgabe, an der du arbeiten willst – aber nur eine!
Dann prägst du sie dir gut ein, bittest das Göttliche, dich dabei zu führen und dein Bemühen zu fördern, und lässt sie los. Du kannst jetzt mit dem nächsten Kapitel und dessen Aufgaben weiterfahren.

Den Entwicklungsschritt, den du hier aufgeschrieben hast, darfst du von Zeit zu Zeit nachlesen, gewissermaßen zur Erinnerung, aber beschäftige dich gedanklich nicht mehr damit. Den Impuls hast du nämlich gesetzt – überlass es dem Göttlichen, ihn so umzusetzen, wie es für dich gut ist.

....

....

....

....

....

....

....

....

....

....

....

....

....

....

....

....

Masken sind starr, Masken sind schwer. Sie zu tragen und uns nicht zu zeigen, wie wir sind, kostet uns viel Kraft – Masken sind reine Energieverschwendung.

5. Woher nehme ich die Kraft?

Themen dieses Kapitels
• Unerschöpfliche Energie und Energiespender • Die energetische Schwingung der Lebensmittel • Die Energie der göttlichen Mutter • Die drei alltäglichen Energiefresser, im Detail erläutert • Natürliche und sakrale Kraftorte • Energievampire • Gibt Liebe Kraft? • Niemals aufgeben, das gibt Kraft!

Entwicklungsziel
Ich erkenne mich als nicht handelnd, auch wenn ich aktiv bin; ich werde mir bewusst, dass es eine höhere Kraft ist, die durch mich wirkt.
Ich lerne, nicht aufzugeben, nie von vornherein etwas für nicht machbar zu halten und es bei Schwierigkeiten stets noch einmal zu versuchen; dabei stärke ich mein Vertrauen, dass alles gelingen kann mithilfe der göttlichen Kraft.

EINFÜHRENDE GEDANKEN

Die unendliche, unerschöpfliche Kraft

Vor vielen Jahren ging einmal eine erstaunliche Nachricht um die Welt: Eine Mutter hob ganz allein ein Auto an, um ihr kleines Kind zu befreien, das überfahren worden war. Wer von uns traut sich zu, ein Gewicht von rund einer Tonne auch nur einen Zentimeter vom Boden zu heben? Und doch hören wir immer wieder Berichte von übermenschlichen Leistungen in Extremsituationen, handle es sich um jemand, der mit bloßen Händen den Angriff eines Bären abwehrt, ein Überfallopfer, das gegen eine Überzahl von Angreifern kämpft und siegt, oder um einen Verschollenen im ewigen Eis, der sich, der Kälte und dem Hunger trotzend, Schritt um Schritt seinen Weg zurück in die Zivilisation erkämpft. Woher nehmen Menschen die Kraft dazu, wo stecken die verborgenen Reserven, die sie im Notfall mobilisieren? Schaffen das alle oder ist es bestimmten, speziell veranlagten Individuen vorbehalten?

→ Siehe Seite 165

Wie steht es bei körperlichen Leiden? Die sogenannten medizinischen Wunder bei schweren Erkrankungen und sogar bei Todgeweihten lassen sich vielleicht auf die gleiche Kraft zurückführen: auf die besondere Fähigkeit, *niemals* aufzugeben, selbst das Aussichtslose noch zu versuchen.

Für unseren Weg durch diese Welt und noch mehr für den Weg zum Göttlichen brauchen wir viel Energie. Diese müssen wir einerseits von außen gewinnen und in uns strömen lassen, andererseits, und das ist noch wichtiger, darauf bedacht sein, die gewonnene Energie nicht sinnlos zu verschwenden.

Energiespender

Materiell gesehen kommt die uns zur Verfügung stehende Energie aus der Nahrung, die wir zu uns nehmen. Der Mensch ist, was er isst, wie es so schön heißt. Sowohl die Schulmedizin als auch Ernährungslehren, die auf anderen Prinzipien beruhen, etwa auf den fünf Elementen der traditionellen chinesischen Medizin, geben uns Empfehlungen darüber, was der körperlichen Gesundheit und Leistungsfähigkeit förderlich ist und was ihr schadet.

Doch es gibt in West und Ost Menschen, die diesen Naturgesetzen scheinbar nicht unterworfen sind. Aus dem christlichen Kulturkreis sei nur Bruder Klaus erwähnt, der über Jahrzehnte keine andere Nahrung zu sich genommen haben soll als die sonntägliche Hostie; in Indien sind asketische spirituelle Richtungen weit verbreitet, bei denen Yogis nicht oder kaum essen, und man hört zuweilen auch, sie nähmen Gift zu sich, ohne daran zu sterben oder darunter zu leiden (ob solche Demonstrationen sinnvoll sind, sei dahingestellt). Wir alle haben jedenfalls schon die Erfahrung gemacht, wie die gleiche Speise uns einmal bekommt und ein anderes Mal nicht; das liegt weniger an der jeweiligen körperlichen Verfassung als an der psychischen.

Ebenso ist uns allen schon aufgefallen, wie wir manchmal viel Energie haben, beispielsweise wenn wir mit Begeisterung ein Projekt oder Ziel verfolgen, dabei das Essen vergessen, mit wenig Schlaf auskommen, und ein anderes Mal uns kraftlos fühlen, obwohl wir uns vernünftig ernährt haben, ausgeruht sind – Letzteres nämlich, wenn wir psychisch angeschlagen sind, sei es weil wir gerade in einer Konfliktsituation stecken, sei es weil Ängste, Sorgen oder andere negative Emotionen uns belasten.

Der Geist, also unsere Einstellung, Motivation, Willenskraft, unser Glaube und Urvertrauen, spielt eine wesentliche Rolle im Energiehaushalt. Es ist nicht allzu gewagt zu behaupten, die *entscheidende* Rolle: Der Geist ist stärker als der Körper.

→ Vergleiche Kapitel 2, Seiten 55ff.

Energiefresser

Die nötige Kraft, um unser Leben zu meistern und den spirituellen Weg zu gehen, ist stets vorhanden, zur Genüge. Oft verschleudern wir sie allerdings mit unnützen Tätigkeiten, Gedanken, Empfindungen und lassen so zu, dass eine große Menge Energie unbemerkt aus uns abfließt wie durch viele kleine Lecks.

Es sind im alltäglichen Leben vor allem drei Verhaltensweisen, die uns enorm viel Energie abzapfen, in der Regel ohne dass wir uns dessen bewusst sind. Sie beruhen auf unserem Bedürfnis nach Liebe, Anerkennung, Wertschätzung, Akzeptanz:

→ Detailliertere Ausführung zu den drei Energiefressern siehe Seite 156

- *Es allen recht machen wollen.* Wir ordnen uns unter, passen uns an, gehen faule Kompromisse ein, begeben uns in Abhängigkeiten und lassen uns tyrannisieren, tun Dinge, die wir gar nicht tun wollen, verausgaben uns bis zur Erschöpfung – zuweilen sogar im Irrglauben, Gutes zu tun. Eine Menge Energie geht dabei sinnlos verloren.

- *Unsere Maske aufrechterhalten.* Meistens zeigen wir uns nicht, wie wir tatsächlich sind; wir wollen etwas darstellen, uns von einer guten Seite zeigen, beispielsweise beim Chef, bei Freunden, Kindern, ... Auch trauen wir uns nicht zu widersprechen, Emotionen zu zeigen, eine Schwäche zuzugeben, um Hilfe zu bitten oder sie anzunehmen und vieles mehr; Lügen, Notlügen, Halbwahrheiten gehören ebenfalls in diese Kategorie. Wir maskieren uns in der Öffentlichkeit, zuweilen sogar vor uns selbst: Diese Maske wiegt schwer, wir brauchen viel Kraft, um sie aufrechtzuerhalten und uns nicht zu verraten.

- *Uns selbst bewerten.* Fortwährend hinterfragen wir unser Verhalten, beurteilen es, vergleichen uns mit anderen; in diesem Prozess verschwenden wir viel Gedankenenergie und folglich auch emotionale Energie. Wir leben Situationen wieder und wieder in unserer Vorstellung oder erwägen, was wir anders hätten machen können. Oft verurteilen wir uns, weil wir meinen, Fehler gemacht zu haben, empfinden Schuldgefühle, Scham, Reue, lauter negative Emotionen, die Energie verschlingen.

→ Vergleiche Kapitel 2, Seiten 55ff.

Vertiefende Aspekte

Bei der Ernährung sind nicht nur die biologischen Komponenten zu berücksichtigen, also Vitamine, Mineralstoffe, Proteine, Kohlehydrate, Fette; die Schwingung der Lebensmittel spielt ebenfalls eine wichtige Rolle.

Auf die bekannten ernährungswissenschaftlichen Erkenntnisse, über die in Zeitschriften, Büchern und im Internet viel geschrieben steht, gehe ich hier nicht ein, zumal sie häufig ändern, sobald neue Einsichten gewonnen werden. Vielmehr beleuchte ich zwei andere Aspekte.

• Alle Materie besteht aus den gleichen Bausteinen und in allem ist göttliches Bewusstsein. Es müsste also theoretisch keine Rolle spielen, was wir essen. Doch jede Erscheinungsform hat ihre eigene Schwingung, abhängig von Gestalt, Farbe und Konsistenz; so ist beispielsweise die Wellenlänge der roten Farbe eines Apfels verschieden von derjenigen einer grünen Gurke, und Karotten schmecken anders, je nachdem ob sie in Stäbchen oder in Scheiben geschnitten sind. Deshalb sollten wir bei der Auswahl und Zubereitung der Speisen nicht nur auf die Ausgewogenheit der Inhaltsstoffe achten, vielmehr auch auf eine breite Palette an Farben und Formen.

Noch wichtiger ist es, möglichst viel *lebendige* Nahrung zu uns zu nehmen. Lebendig ist alles, was die Vitalkraft noch in sich trägt, also frisches Gemüse und Obst – die Lebensenergie bleibt mehrere Tage lang erhalten, nachdem die Pflanze geschnitten oder geerntet wurde. Tiere hingegen hauchen bei der Tötung den Lebensodem aus und der Zerfall setzt augenblicklich ein. Der Unterschied ist leicht ersichtlich: Stellen wir Pflanzen, obwohl von der Wurzel getrennt, in Wasser, leben sie weiter, Knospen gehen noch auf und erblühen prächtig; demgegenüber beginnen Tierkadaver sofort zu verwesen. Es ist naheliegend und nachvollziehbar, dass lebendige Nahrung uns mehr Kraft zuführt als „tote" Materie, der die Lebensenergie fehlt.

In diesem Zusammenhang nicht unerheblich ist auch die Schwingung, die durch den Tötungsprozess ins Fleisch gelangt. Energie geht ja bekanntlich nicht verloren (physikalisches Gesetz der Energieerhaltung): Die Angst des Tiers

→ Vergleiche Kapitel 1 in Band II über die Angst; Info siehe Seite 234

während des Transports zum Schlachthof und des Sterbens ist eine überaus starke Energie. Die negative Schwingung geht nach dem Tod nicht einfach verloren, sie bleibt im Fleisch, und wir nehmen sie beim Essen auf.

Diese Erörterungen dürfen nicht als ein Plädoyer meinerseits für den Vegetarismus oder gar Veganismus verstanden werden; jeder Mensch soll diese Entscheidung aus seinem Inneren heraus treffen. Ich will lediglich Zusammenhänge aufzeigen, sodass jeder Leser durch Selbstbeobachtung eigene Schlüsse ziehen kann: Wie fühle ich mich, wenn ich farbenfrohe, saftige Früchte genossen habe? Lebendig? Heiter? Ausgelaugt? Und wie fühle ich mich, nachdem ich Fleisch gegessen habe? Aggressiv? Melancholisch? Energiegeladen?

• Der zweite Aspekt, auf den ich eingehen will, sind die Begleitumstände der Zubereitung und des Verzehrs. Warum ist der Geschmack von industriell gefertigten Produkten äußerst konstant, während die Speisen, die wir selbst zubereiten, trotz identischer Zutaten und Verarbeitungsweise jedes Mal leicht anders schmecken? Das liegt an der Schwingung, die der Koch in die Speise einbringt: Die Aussage „mit Liebe gekocht" ist nicht nur eine Redensart! Die Empfindungen des Kochs während der Zubereitung fließen in die Mahlzeit ein: Jeder Gedanke, jede Emotion schwingt nachher im Essen mit, umso stärker, je intensiver die Gedanken und Emotionen waren. Das ist übrigens mit allem, was wir produzieren der Fall: dem Kleid, das wir nähen, dem Möbelstück, das wir schreinern, dem Haus, das wir bauen, dem Vertrag, den wir zu Papier bringen, ...

Dass auch die Atmosphäre, in der wir die Nahrung zu uns nehmen, eine Rolle spielt, versteht sich von selbst: Streit, eine gedrückte Stimmung, Lügen, aggressive Diskussionen und allgemein psychische Belastungen können eine an sich gesunde und wohlschmeckende Speise regelrecht vergiften. Es stellt sich also auch die Frage, ob es uns guttut, während des Frühstücks die Zeitung zu lesen oder beim Abendessen fernzusehen.

Zusammenfassend halte ich fest: Wir nehmen beim Essen nicht nur die biologischen Bestandteile des Nahrungsmittels auf, sondern auch alle Schwingungen, die während des Gedeihens, Erntens/Tötens, Zubereitens und Verzehrs eingeflossen sind. Entsprechend besteht die Kraft und Energie, die wir aus der Ernährung gewinnen, aus mehr als Vitaminen, Mineralstoffen, Eiweißen, Kohlehydraten, Fetten.

* * *

Die Kraft der göttlichen Mutter

Ich komme zurück auf meine Erläuterungen über die göttliche Kraft Prakriti, die in der Natur und im menschlichen Ego wirkt. Um die ohnehin komplexe Materie nicht zu überfrachten, habe ich in Kapitel 1 nur den Aspekt der Prakriti → Seiten 23ff. beleuchtet, der für das Verständnis der egoischen Vorgänge von Belang ist, also ihr Wirken als mechanische Naturkraft, welche die Welt in Gang hält, die Evolution vorantreibt und sich beim Menschen darin äußert, dass viele seiner Verhaltensweisen und Handlungen instinktiv ablaufen.

Das ist aber nur ein Blickwinkel. Prakriti ist ein Teil des Göttlichen, nämliche der aktive, folglich eine *höhere* Kraft. Dieser Aspekt der Prakriti wird in der indischen Philosophie oft auch als Shakti (Sanskrit für Kraft) bezeichnet. Personifiziert betrachtet, ist Shakti die Göttin oder göttliche Mutter, das weibliche Prinzip des Einen (während der Purusha das männliche ist). Anders ausgedrückt: Auf der Ebene der Unwissenheit, des Ego also, wirkt die Natur(-Prakriti) und wir Menschen sind ihr unterworfen und ausgeliefert, ebenso wie die ganze Schöpfung, und nehmen ihr Wirken nicht wahr. Auf der Ebene des höheren Bewusstseins, also der Seele, *erkennen* wir in der Shakti hingegen das Wirken des göttlichen Willens und seiner allmächtigen Universalkraft und können daran teilhaben und Energie daraus beziehen, eine Energie, die unerschöpflich, unbegrenzt und allmächtig ist. Es geht darum zu akzeptieren, dass nicht *wir* mit begrenzter menschlichen Kraft handeln, sondern *die Shakti durch uns*, dass wir nicht fähig wären, den kleinen Finger zu bewegen, wirkte die göttliche Kraft nicht in uns. Ferner darin den göttlichen Willen zu sehen und uns ihm ganz zu übergeben.

→ Das weibliche Prinzip finden wir auch in Naturreligionen und in der Esoterik, wenn das Weibliche im Vordergrund steht; es ist ferner ein interessanter Denkansatz, um die im Christentum hochverehrte Mutter Gottes in einer anderen Symbolik zu deuten.

→ In der Aufgabe zur Selbstveränderung, Seiten 174/175, setzen wir dies praktisch um.

* * *

Die drei alltäglichen Energiefresser, im Detail erläutert.

• *Es allen recht machen wollen*
Energie verschwenden wir, weil wir, um anderen zu gefallen und uns ihnen zugehörig zu zeigen/fühlen, zum einen Dinge tun, die uns selbst nichts bringen: Einladungen von Leuten annehmen, mit denen wir in Wahrheit nichts anfangen können; einen Kurs besuchen, weil die Freundin hingeht; bestimmte Bücher lesen oder Fernsehsendungen anschauen, die uns gar nicht richtig interessieren, nur um mitreden zu können; und vieles mehr. Dabei ist die Energie, die wir durch das Ausführen der eigentlichen Tätigkeit verbrauchen – besser gesagt: verschwenden –, nur ein kleiner Teil; weitaus größer ist die Energiemenge, die wir durch die damit einhergehenden Gedanken und Emotionen der Unzufriedenheit, Frustration, Langeweile verschleudern.

Zum anderen fließt ständig Energie aus uns ab allein dadurch, dass wir uns auf etwas außerhalb von uns fokussieren. Zwischen den Menschen strömen ja ständig Energien, durch Gedanken, Emotionen, Berührungen, es ist ein laufender Austausch, im besten Fall ein ausgewogenes Geben und Nehmen. Bemühen wir uns jedoch, jemandem zu gefallen, von ihm geschätzt, geliebt zu werden, richten wir uns also auf einen anderen aus, so entsteht ein Gefälle, es fließt Energie aus uns zu ihm hin, von uns selbst meistens völlig unbemerkt. Nur wenn wir in unserer Mitte sind, bleiben die Energien bei uns und wir profitieren möglicherweise sogar von uns umgebenden Energien.

→ Vergleiche
Seiten 160/161
und 166/167

Hört sich all das für dich zu esoterisch an? Dann achte doch einfach darauf, wie du dich fühlst, nachdem du mit diesem oder jenem Menschen zusammen warst. Beobachte ferner, was mit deinen Kräften geschieht je nach der Motivation deines Handelns, unabhängig von dessen Qualität und Ergebnissen.

• *Unsere Maske aufrechterhalten*
Diesen Punkt muss ich nicht lange erläutern, denn wann sind wir schon gänzlich wir selbst? Eine Maske legen wir meistens auf, weil wir geschätzt und geliebt werden wollen oder um uns vor Verletzungen zu schützen: ein Lächeln, wenn uns gar nicht danach zumute ist oder für jemanden, dem wir es nicht von Herzen schenken, Tränen zurückhal-

ten, obwohl wir weinen möchten, den starken Mann/die starke Frau spielen, überhaupt ständig eine Rolle spielen – die charmante, die witzige, die unbeschwerte, die melancholische, die großzügige, die übermütige, ... Wir versuchen, ein Bild von uns zu vermitteln, das wir für passend halten, sei es weil wir gerne so wären, sei es weil wir einst so waren, sei es weil wir meinen, so sein zu müssen, um anderen zu gefallen. Oder wir versuchen dem Bild gerecht zu werden, das uns andere irgendwann übergestülpt haben: „Du bist immer gut drauf!", „Dein Blick ist immer so traurig", „Du weißt immer Rat".

Die Maske kostet uns doppelt Energie: Einmal die Energie, um nicht aus der Rolle zu fallen, und dazu die Energie, um gegen das Drängen der Seele, endlich wir selbst zu sein, anzukämpfen.

• *Uns selbst bewerten*
Wären wir authentisch, in jedem Augenblick wir selbst und nähmen uns an, so wie wir sind, würde sich jede Beurteilung erübrigen: Ich bin ich, ich bin, wie ich bin – welchen Sinn hätte ein Urteil darüber? Hingegen vergleichen wir uns ständig mit anderen, ferner mit dem, was wir einmal waren oder wie wir nach unserer Meinung sein sollten. Das hängt mit den Anforderungen zusammen, die wir an uns selbst stellen, und natürlich damit, dass wir dem Urteil anderer genügen wollen. Also müssen wir uns und unsere Leistung ständig selbst bewerten und uns darum bemühen, dass andere uns in einem positiven Licht sehen und unsere Schwächen und Fehler nicht bemerken – womit wir wieder bei der Maske sind, die wir uns überstülpen.

→ Ausführlicher habe ich das Konzept des Ideal-Ich in meinem Buch „Ich liebe mich selbst und mache mich glücklich" dargelegt; Info siehe Seite 237

Das Mittel dagegen, neben dem Aufbau des Selbstwertgefühls: Immer unser Bestes geben, nicht mehr und nicht weniger. Haben wir getan, was wir konnten, was in unserer Macht stand, unseren Fähigkeiten entsprach, brauchen wir uns nicht zu bewerten. Es war unser Bestes, mehr hätten wir nicht tun können. Haben wir hingegen unsere Aufgabe, unsere Pflicht vernachlässigt, auch nur teilweise, so steht der Selbstkritik natürlich Tür und Tor offen. Beinahe unnötig zu erwähnen, dass schlechtes Gewissen, Reue, Versagensängste, Furcht vor Tadel, allgemein Selbstvorwürfe und Schuldgefühle, zusätzlich von unserer Energie zehren.

→ Vergleiche Seite 164 zu den verschiedenen Talenten

SINNBILDLICH

Wie der Hase den Löwen besiegte
Eine Sufi-Geschichte von Rumi

In einem Wald wohnte ein Löwe; alle anderen Tiere lebten in ständiger Furcht vor ihm. Eines Tages versammelten sie sich, um einen Ausweg zu finden. Nach einer langen Debatte einigten sie sich auf eine Lösung. Eine Gesandtschaft suchte den Löwen auf und sagte: „Jeden Tag frisst du einen von uns; deshalb sind wir alle fortwährend ängstlich und können nicht in Ruhe nach Futter suchen. Wir schlagen dir vor, dass täglich einer von uns zu dir kommt, damit du ihn fressen kannst. Dann haben wir unsere Ruhe und du hast keine Mühe." Das gefiel dem Löwen und er willigte ein.

Von da an wurde jeden Morgen ein Tier ausgelost. Als das Los auf den Hasen fiel, wollte sich dieser aber nicht damit abfinden. Erst nach langer Zeit gelang es den übrigen Tieren, den Hasen zum Gehen zu bewegen. Während des ganzen Wegs dachte er nach, wie seinem Schicksal entkommen, ohne die anderen zu gefährden. So traf er erst am Nachmittag beim Löwen ein, der schon sehr hungrig war und brüllte: „Warum kommst du so spät?"

Mit gespielter Angst antwortete der Hase: „Es ist nicht meine Schuld! Ich bin frühmorgens los, aber plötzlich kam ein anderer Löwe und wollte mich fressen. Ich musste manchen Umweg einschlagen, um ihm zu entkommen."

Wutentbrannt schrie der Löwe: „In diesem Wald gibt es nur einen König und das bin ich!" In seiner Ehre verletzt, forderte der Löwe den Hasen auf, ihm den Rivalen zu zeigen. Der Kleine hoppelte los, der König der Tiere hinterher, bis zum Rand eines Brunnens. „Da unten wohnt er", sagte der Hase, „sieh selbst, wie mächtig er ist!"

Zornig blickte der Löwe in den Brunnen und fauchte sein Spiegelbild an, das ebenso fauchte und sich kein bisschen beeindruckt zeigte. Mit einem wilden Schrei stürzte sich der Löwe in den Brunnen und ertrank.

Der Hase kehrte unversehrt zu den anderen Tieren zurück und erzählte ihnen, wie er den Löwen überlistet hatte, anstatt sich einfach dem Schicksal zu ergeben.

Wie können wir, außer durch Ernährung, Energie tanken?
Eine vernünftige Ernährung gibt der körperlichen Ebene
die nötige Energie, um gesund und leistungsfähig zu bleiben, für das tägliche Leben ebenso wie für unser spirituelles Ziel. Beschreiten wir nicht den asketischen Pfad, der
wahrlich nicht jedermann liegt, ist es ein Fehler, den Körper als ungöttlich, nieder zu betrachten und zu vernachläs-
sigen. Er ist unser „Fahrzeug", ohne ihn können wir unseren Weg in dieser Welt nicht fortsetzen.

Wir bestehen aber auch aus der vitalen und der mentalen
Ebene, und diese können und sollen wir ebenfalls nähren.
Deren Nahrung besteht aus allem, was weise, rechtschaf-
fen, gut, schön, lieblich, edel, berührend, ergreifend ist,
was also eine Verbindung zum inneren Mentalen und inne- → Vergleiche Seite 30
ren Vitalen schafft. Das können Naturschönheiten sein, wie
ein blühender Garten, der Wald, ein Wasserfall, ein weißer
Strand, und vom Menschen geschaffene Werke, wie Musik,
Gemälde, Literatur, Theater, Film, Architektur. Oder das
Spielen mit Kindern und ein Gespräch mit alten Menschen,
ein Lied singen und ein Gedicht schreiben, eine Blume
pflanzen und einen bunten Strauß kaufen, ... Diese Kraft-
quellen sind individuell, sie verändern sich mit der Zeit
oder je nach Situation. Wichtig ist, dass sie Frieden schenken, anstatt aufzuwühlen oder aufzuregen – wie es manche
Musikstücke und Filme tun –, die Freude in uns wecken und
nicht die Traurigkeit, eine frohe, liebliche, wahrhaftige Resonanz in uns finden. Sie sollen nicht die Leidenschaften
schüren, ebenso wenig geht es dabei um emotionalen oder
intellektuellen Nervenkitzel.

* * *

Wenn die Energie im Universum zur Genüge vorhanden ist,
überall um uns, und wir gelernt haben, diese anzuzapfen,
kommen wir dann tatsächlich ohne Essen und Trinken und
vielleicht sogar ohne Schlaf aus?
Mit dem Begriff Energie assoziieren wir verschiedene Vorstellungen, physikalische, psychologische, spirituelle.

Betrachten wir letztere, so ist das Universum Energie, weil das Universum das Göttliche ist und alles, auch wir Menschen, aus göttlicher Energie bestehen. Es ist also, streng genommen, irreführend, davon zu sprechen, dass wir Energie *brauchen*, Energie *anzapfen*, Energie aus diesem oder jenem *schöpfen*. Wären wir uns unserer Göttlichkeit bewusst, also eins mit dem Göttlichen, erübrigte sich die Frage nach Kraft und Energie. Doch solange wir den Schleier der Dualität nicht beseitigt haben, wir folglich im Ego sind, im körperlichen, vitalen und mentalen Ego, sind wir auf Nahrung angewiesen, in welcher Form auch immer.

Im weiten Feld der Esoterik werden mannigfaltige Energiequellen angepriesen, etwa verschiedene okkulte/magische Praktiken, überlieferte Rituale und mehr. Ich, die ich mich der spirituellen Entwicklung im gewöhnlichen Alltag widme, will darauf nicht weiter eingehen; mir scheint die Beschäftigung mit diesen Phänomenen nicht notwendig auf dem spirituellen Weg. Oft lenken sie sogar vom wahren Ziel ab, indem wir sie nicht nur als Mittel zum Zweck einsetzen, sie vielmehr selbst zu Zielen machen und das Erlangen übernatürlicher Kräfte, wie Telepathie, Levitation, Wahrsagerei, das Streben nach Gottesverwirklichung/Erleuchtung ersetzt.

Was ich hingegen als Energiequelle in jedem Fall empfehle, ist der Rückzug in unsere innere Kraftquelle, sei es durch Meditation oder durch Gebet.

* * *

Man hört oder liest manchmal von Kraftorten: Gibt es diese tatsächlich?
Man spricht von Kraftorten der Natur, beispielsweise bei alten Bäumen, Felswänden oder in bestimmten natürlichen Energiezonen, ebenso wie von der Kraft sakraler Bauten, wie Tempel, Kirchen, Megalithe. Die Schulwissenschaft verneint deren Existenz, weil die feinstoffliche Energie sich mit den derzeit zur Verfügung stehenden Messinstrumenten nicht nachweisen lässt. Doch sensitive Menschen fühlen sie, ebenso wie Rutengänger Wasser finden an Orten, an denen Geologen vielleicht nie bohren würden.

Die Stärke dieser Kraftorte ist für gewöhnlich in Bovis-Einheiten angegeben; die Werte werden mithilfe von wissenschaftlich nicht anerkannten radiästhetischen Methoden ermittelt. 6500 Bovis betrachtet man als den neutralen Wert; was darunter liegt, entzieht uns Energie, was darüber ist, schenkt sie uns. Wer sich dafür interessiert, findet durch die Internetsuche unter dem Stichwort „Kraftorte" aus jeder Region viele davon aufgelistet.

Wir können Kraftorte auch aus einem anderen Blickwinkel betrachten. Es gibt Orte, an welche die Menschen Energie hinbringen: Kirchen, Tempel und andere heilige Stätten der Religionen und Kulturen. All die gläubigen, hoffnungsvollen Besucher führen diesen Stätten eine Menge positive Energie zu. Und jeder Mensch, der sich hier aufhält, kann diese spüren. Deshalb erstaunt es auch nicht, wenn an solchen Orten, etwa in Lourdes und an anderen Pilgerzielen, echte Wunder geschehen, wovon oft Dankestafeln der Geheilten und Geretteten zeugen. Die gebündelte Kraft des Glaubens Tausender von Menschen schafft nämlich die entsprechende Energie; ich will in diesem Zusammenhang aber auch erwähnen, dass gerade von lärmenden, ungläubigen Touristen viel besuchte Kathedralen und heilige Stätten im Gegenzug von einer Menge negativer Energie überflutet werden. Sehr anschaulich hat eine Freundin von mir dieses Phänomen beschrieben im nachfolgenden Bericht.

Im Alter von 17 Jahren wurde bei meiner Tochter Eva → Name geändert
multiple Sklerose diagnostiziert. Es war für uns alle ein Schock – man rechnet ja nie damit, dass solch ein Schicksalsschlag die eigene Familie trifft. Eva schien von uns allen am gefasstesten: Nach den ersten Tagen, in denen sie sich zurückzog und wir anderen völlig hilflos nichts für sie tun konnten, überraschte sie uns mit einer Kampfansage an die Krankheit. Wir erkannten am Blitzen in ihren Augen, dass sie tatsächlich daran glaubte, sie zu besiegen; mein Mann und ich wollten sie nicht entmutigen, aber uns fiel es schwer, ihren Optimismus zu teilen.

Eva begnügte sich nicht mit der Schulmedizin; sie begann sich intensiv mit alternativen Heilmethoden zu beschäftigen. Sie ließ sich regelmäßig von einer Shiatsu- und einer Energietherapeutin behandeln, ihre Ernährung stellte sie komplett um. Im Übrigen änderte sie nichts an ihrem Leben, besuchte weiterhin das Gymnasium und blieb das fröhliche Mädchen. Sie bestand darauf, niemand sollte von der Diagnose erfahren, nicht einmal Verwandte und Freunde.

Einige Monate später bat sie uns, in den Frühjahrsferien mit ihr nach Lourdes zu fahren. Wir waren über ihr Anliegen äußerst erstaunt: In unserer Familie war Religion kein Thema. Doch selbstverständlich willigten wir ein, alles, was Eva Hoffnung schenkte, war uns willkommen.

Erst auf der Reise erklärte sie uns den tieferen Sinn, den sie von ihrer Energietherapeutin gelernt hatte: „An Orten wie Lourdes entsteht eine starke Heilenergie durch die Hoffnung und den Glauben all der Menschen, die sich dort versammeln. Je machtvoller diese Energie ist, desto mehr Menschen werden geheilt, und je mehr Menschen geheilt werden, desto mehr reisen dahin und verstärken die Energie."

Mein Mann und ich waren skeptisch, diesen esoterischen Dingen standen wir eher misstrauisch gegenüber, doch wir ließen uns nichts anmerken.

Die Reise war lang, in einem Tag nicht zu schaffen. Wir beschlossen, in Carcassonne zu übernachten. So schlenderten wir am frühen Abend durch die Gassen, bewunderten die Sehenswürdigkeiten. Etwas müde vom Stadtspaziergang setzen wir uns in die Kathedrale. Plötzlich erhob sich Eva, schritt nach vorne auf den Altar zu und blieb an einer Stelle lange regungslos stehen. Nach einer Weile setzte sie sich wieder zu uns und forderte uns auf, uns am gleichen Ort hinzustellen und die starken Energien aufzunehmen.

Ich zögerte, aber mein Mann wollte es genauer wissen, er ging zu besagter Stelle. Nach ein paar Minuten kam er aufgewühlt zurück. „Unglaublich", flüsterte er uns zu, „da ist etwas durch meinen Körper geströmt, ich kann nicht sagen, ob von unten nach oben oder umgekehrt, es war wie ein Fluss in beide Richtungen zugleich."

„Was hast du denn genau gespürt?", wollte ich wissen. Er meinte, er könne es nicht beschreiben, es sei zuerst nur wie ein Kribbeln gewesen, dann aber einfach ein unheimlich gutes Gefühl, wohltuend und... Er fand keine Worte mehr, saß in sich versunken da und versuchte wahrscheinlich, mit seinem rationalen Verstand zu begreifen, was ihm geschehen

war. So machte ich schließlich als Letzte das Experiment auch noch und tatsächlich: Ich empfand einen tiefen Frieden sich in mir ausbreiten. Seit Langem hatte ich mich nicht mehr so entspannt gefühlt.

Am nächsten Morgen fuhren wir weiter nach Lourdes. Der Ort enttäuschte mich, es war ein einziger riesiger Souvenirladen; doch die vielen Kranken und Behinderten, die andächtig und voller Hoffnung die heilige Stätte besuchten, waren beeindruckend. Ich habe allerdings dort nirgendwo eine so starke Energie gespürt wie am Abend zuvor in der Kathedrale.

Diese Reise liegt nun zehn Jahre zurück. Unsere Tochter wurde nicht geheilt; doch die Krankheit schritt bei ihr nur langsam voran. Was für mich als Mutter jedoch wichtiger ist: Eva meistert ihr Schicksal mit einem Gleichmut und einer Kraft, die ich immer wieder bewundere. Ich weiß nicht, woher sie diese bezieht, doch sie scheint eine Quelle gefunden zu haben.

* * *

Es gibt Leute, die ungesund, ja lasterhaft leben, und dennoch stark und leistungsfähig und nie krank sind. Woher nehmen sie die Energie?

Für die körperliche Gesundheit ist es zweifellos besser, ein selbstzufriedener, rücksichtsloser Egoist zu sein, der unmäßig Alkohol trinkt, raucht und sich um nichts schert, als ein sich sinnvoll ernährender, allem entsagender Duckmäuser mit mangelndem Selbstwertgefühl.

Solche Menschen beziehen die Kraft aus ihrem mächtigen Ego, besonders vom vitalen Teil. Meistens handelt es sich um starke Persönlichkeiten, manchmal sind sie auch herrisch, machthungrig, intolerant und dulden keinen Widerspruch; sie erleiden keine Energieverluste durch innere Konflikte, mitleidendes Einfühlen in andere Menschen, Selbstvorwürfe, übertriebene Disziplin und ähnliche selbstzerstörerische Eigenschaften.

Darin zeigt sich deutlich, wie die Kraft mehr von innen als von außen kommt – ob aus der Seele oder aus dem Ego spielt dabei keine Rolle –, wie der Geist machtvoller ist als der Körper. Das will nicht heißen, wir sollten zu Egomanen werden; eine gesunde Selbstliebe und innere Unabhängigkeit von anderen Menschen sind jedoch wertvolle Voraussetzungen für die Gesundheit. Am meisten Energie schenken uns aber ein unerschütterliches Urvertrauen, die innere Zufriedenheit und der Gleichmut. Während Selbstzweifel, Hadern mit äußeren Umständen oder dem Schicksal und Frustration sie uns rauben.

* * *

Warum haben einige Menschen von Natur aus mehr Kraft als andere?

Diese Ungleichheit gehört zum göttlichen Spiel (Sanskrit: *Lila*) in dieser Welt – die einen sind Bettler, die anderen Könige, die einen körperlich gesund und stark, die anderen kränklich und schwach.

→ Lila: siehe Glossar Seite 231

→ Matthäus 25,14ff.

Jesus erzählte die Parabel der verschiedenen Talente. Bevor er sich zu einer Reise aufmachte, gab ein Mann seinen drei Knechten einen, zwei und fünf Goldanteile zum Verwalten; er verteilte sein Vermögen also offenbar ungerecht. Als er zurückkehrte, erwartete und verlangte er allerdings auch nicht, dass alle drei gleich viel aus ihrem Startkapital gemacht hätten.

Die Moral dieser Geschichte: Wir sollen nutzen, was wir besitzen. Mit anderen Worten, tun, was unseren Anlagen, unseren Fähigkeiten und unserer Kraft entspricht. Das ist ausreichend, mehr können wir nicht leisten. In diesem Sinne dürfen wir keinesfalls bedauern oder gar hadern, wenn wir nicht so groß, so stark, so schön, so intelligent sind wie andere – nehmen wir uns an, wie wir sind, mit unseren Stärken und unseren Schwächen.

Das schließt jedoch nicht aus, dass wir unser Bewusstsein zum Göttlichen erheben und dadurch über alle Weisheit, Schönheit und Kraft des Göttlichen verfügen.

* * *

Woher kommen nun diese übermenschlichen Kräfte, die gewisse Menschen in Extremsituationen mobilisieren?

In Fällen wie dem der Frau, die das Auto hob, kommt die → Siehe Seite 150 Stärke aus der Selbstvergessenheit im wahren Sinne des Wortes. In jenem Moment vergaß sie, dass ihre Kraft dafür nicht ausreichte, es nach menschlichem Ermessen überhaupt nicht möglich war. Sie wusste bloß: „Ich muss mein Kind befreien!" und handelte. Für einen Augenblick wurde sie eins mit der universellen Kraft. Wir alle könnten solche Wunder vollbringen, wie auf dem Wasser gehen, Kranke heilen oder schwere Hindernisse aus dem Weg räumen, schalteten wir den Verstand aus, der uns sagt „Das geht nicht" und *glaubten daran, ohne den leisesten Zweifel*.

Etwas anders verhält es sich bei Ereignissen, in denen wir uns bewusst sind, dass wir die letzten Kräfte mobilisieren müssen, wollen wir überleben. Die Menschen, die das schaffen, zeichnen sich dadurch aus, dass sie niemals aufgeben. Sie ergeben sich nicht in ihr Schicksal, sondern suchen eine Lösung, handeln, kämpfen bis zum letzten Atemzug. Aus diesem Willen erwachsen ihnen größere Kräfte, als ihre physische Konstitution zuließe, und sie überleben in Situationen, die in der Regel tödlich wären. → Vergleiche Geschichte auf Seite 158

Von diesen Menschen können wir lernen für unseren gewöhnlichen Alltag. Manchmal geben wir nämlich ein Unterfangen auf, bevor wir alles versucht haben, sogar ohne es überhaupt versucht zu haben. Wir geben nicht unser Bestes, sei es weil wir es uns nicht zutrauen, sei es weil wir zu faul sind, oft auch aus bloßer Gewohnheit. Erlaufen wir beim Tennismatch tatsächlich jeden Ball oder schauen wir ihm nach mit dem Gedanken: „Ich hätte ihn ohnehin nicht erwischt"? Versuchen wir einen schwierigen Artikel, den wir lesen, tatsächlich zu verstehen, oder legen wir das Heft nach oberflächlicher Lektüre beiseite und halten uns für zu dumm? Überlegen wir uns für eine Herausforderung alternative Lösungen oder schreien wir sofort nach Hilfe, wenn es nicht auf Anhieb klappt? Unternehmen wir wenigstens *einen* Versuch, eine schwere Last zu heben, oder sehen wir es ihr schon an, dass es nicht geht? Nichts sollten wir von → Vergleiche dazu aber auch Seite 169 vornherein aufgeben: Versuchen wir es wenigstens! Niemals sollten wir nach den ersten gescheiterten Ansätzen resignieren: Prüfen wir weitere Möglichkeiten!

* * *

Gibt es sogenannte „Energievampire", Menschen, die einem Energie absaugen, tatsächlich?

Grundsätzlich findet bei jedem zwischenmenschlichen Kontakt, sogar schon wenn wir an jemanden denken, ebenso wie im Kontakt mit Tieren und Pflanzen, ein Energieaustausch statt, wobei die Energie nicht nur, wie man annehmen könnte, vom höheren in das tiefere Niveau fließt. Oft ist es genau umgekehrt: Energie zieht Energie an, sodass Menschen, die schon viel davon haben, noch von denjenigen bekommen, deren Reserven ohnehin geringer sind. Je näher der Kontakt – beispielsweise bei körperlichem und noch ausgeprägter bei sexuellem Kontakt –, desto schneller und einfacher kommt der Energieaustausch zustande. Der negativ empfundene Begriff Vampire ist aber keine treffende Bezeichnung, weil die Menschen, die unsere Energie abzapfen, es meistens nicht willentlich tun.

→ Vergleiche Seite 156

Normalerweise tauschen wir gegenseitig Energien aus, wir geben und wir nehmen etwa in gleichem Ausmaß. Wir alle haben aber bestimmt schon erlebt, wie wir einmal aus einem Zusammensein mit Menschen erfrischt und gestärkt hervorgegangen sind und ein anderes Mal ausgelaugt und erschöpft, unabhängig von der jeweiligen Begebenheit und der Dauer des Kontaktes.

Auf den Seiten 156/157 habe ich Situationen aufgezeigt, bei denen wir selbst Energie vergeuden. Nachfolgend noch einige Beispiele, wie andere sich aus unserem Reservoir bedienen. Es sind dies Menschen, die

• ständig klagen, Trost und Anteilnahme beanspruchen;
• egoistisch um Zuwendung und Zuneigung buhlen oder immer im Mittelpunkt stehen wollen (es handelt sich hier nicht nur um diejenigen, die sich aus mangelndem Selbstwertgefühl um Liebe und Anerkennung bemühen);
• viel reden und unsere Aufmerksamkeit einfordern;
• schnell in Angst oder Stress geraten und andere mit hineinzuziehen versuchen;
• Druck ausüben und dabei auch Mittel wie Drohung, Aggression und Zorn benutzen.

Eines müssen wir uns vergegenwärtigen: *Wir selbst* lassen zu, dass unsere Energie abfließt, indem wir uns auf das

Niveau dieser Menschen begeben und freiwillig mitspielen, anstatt uns zu widersetzen. Sind wir nicht gefestigt oder (momentan) nicht im inneren Gleichgewicht, um ihnen zu widerstehen, sollten wir solche Menschen meiden.

* * *

Gibt Liebe tatsächlich Kraft, wie Frischverliebte zuweilen erzählen, und warum flacht dies nach einer Weile ab?
Diese Energie, die Verliebte spüren, kommt nicht aus der Liebe, sondern aus der Leidenschaft der Verliebtheit, das ist ein Unterschied. Verliebtheit ist nämlich eine Eigenschaft des vitalen Ego, wahre Liebe der Seele.

Das vitale Ego sucht Leidenschaft; findet es diese, fühlt es sich stark, energiegeladen. Da wir mehrheitlich im Ego leben, nehmen wir diese Energie des Vitalen wahr und nicht die echte Kraft der Seele. Mit der Zeit schwächt sich die Leidenschaft jedoch ab, der Reiz des Neuen ist verflogen, das vitale Ego langweilt sich und entzieht uns seine Energie. Soll eine Beziehung von Dauer sein, muss die Verliebtheit durch Liebe ersetzt und aus der Seele genährt werden.

Genau genommen dürfen wir aber gar nicht sagen, Liebe gebe Kraft: Die Seele *ist* Kraft und die Seele *ist* Liebe, weil sie der Funke des Göttlichen in uns ist.

* * *

Wie groß ist der Einfluss einer relativ ungesunden Ernährung, die in unserer hektischen Arbeitswelt oft zwangsläufig kaum zu vermeiden ist, auf unseren Energiehaushalt?
Schon Jesus sagte: „Der Mensch lebt nicht vom Brot allein, sondern von einem jeden Wort, das durch den Mund Gottes ausgeht." Wir könnten zu uns nehmen, was wir wollen, stünden wir über dem Ego und schöpften unsere Kraft aus der Seele.

→ Matthäus 4,4

→ Vergleiche Seiten 159/160

Es gibt diese schöne Geschichte über den Weisen Shankara, der einmal vor den Augen seiner Jünger Alkohol trank. Diese waren darüber sehr erstaunt, denn ihnen war es verboten. Am Abend, während der Meister sich ausruhte, tranken die Schüler im Gasthaus ein Glas Wein nach dem anderen, denn sie sagten sich: „Was für unseren Lehrer richtig ist, kann für uns nicht falsch sein." Shankara bemerkte danach wohl, dass sie alle betrunken waren, schwieg aber dazu.

Am nächsten Tag nahm er sie mit auf eine Reise durch die Wüste, um ein Heiligtum zu besuchen. Unterwegs ging ihnen das Wasser aus, sie litten gewaltig unter dem Durst. Als sie auf ein Lager trafen, wo einige Männer über einem Feuer etwas in einem Topf kochten, bat der Meister sie um etwas Wasser. Sie erwiderten, sie hätten keines, in dem Topf befinde sich geschmolzenes Blei, um daraus Waffen zu schmieden. Unter den verwunderten Blicken aller trank Shankara davon und forderte dann die Schüler auf, es ihm gleichzutun.

Entsetzt weigerten sich diese und Shankara erteilte ihnen die vorgesehene Lektion: „Aber Alkohol habt ihr doch auch zu euch genommen! Wo ist denn der Unterschied? Es ist alles das Gleiche, alles ist göttliche Energie, das Wasser, der Wein, das Blei!" Die Jünger verstanden: Erst wenn sie einmal so weit wären, kochendes Blei trinken zu können, würde ihnen auch der Alkohol nicht mehr schaden.

Solange wir diese Stufe also nicht erreicht haben, müssen wir darauf achten, dem Körper zu geben, was er braucht, und von ihm fernzuhalten, was ihm nicht guttut. Dennoch sollen wir unsere Ess- und Trinksünden nicht allzu schwernehmen: Sie schaden uns mehr, wenn wir ihnen zu viel Bedeutung beimessen, uns Vorwürfe machen oder Angst vor gesundheitlichen Folgen haben.

Führen äußere Umstände dazu, dass wir nicht immer essen können, was wir möchten, so nehmen wir es an, wie es ist, und weihen jede Speise, auch und vor allem die ungesunden, dem Göttlichen; wir bitten es, diese mögen uns gut bekommen und dem Körper die nötige Energie schenken. Und dann kümmern wir uns nicht weiter darum: Das Göttliche leitet und beschützt uns auch in dieser Lebenssituation.

→ Siehe Aufgabe zur Selbstveränderung, Seiten 174/175

*   *   *

→ Vergleiche Seite 165 *„Niemals aufgeben" und „es immer versuchen": Es kommt doch auch der Moment, an dem wir einsehen müssen, dass* *wir den Kampf verloren haben, und es gibt Situationen, bei denen wir von Anfang an wissen, dass wir keine Chance haben. Dann ist es doch reine Energieverschwendung, es dennoch zu versuchen?*

Eine gesunde Portion Realismus dürfen wir uns natürlich bewahren. Aussichtslose Unterfangen brauchen wir nicht in Angriff zu nehmen. Doch seien wir ehrlich zu uns selbst: Gerade in gewöhnlichen Alltagssituationen geben wir nicht selten zu schnell auf und sagen voreilig „Es geht nicht", „Ich kann das nicht", „Das schaffe ich nicht", „Es ist ja nicht so wichtig", „Das spielt doch keine Rolle". Wie oft kommt es vor, dass wir es nicht ein einziges Mal probieren! Wir können doch erst mit Sicherheit sagen, etwas sei nicht möglich, nachdem wir einen Versuch unternommen haben; unsere Einschätzung ist nämlich nicht unbedingt richtig. Wir verändern uns, unsere Kräfte und Fähigkeiten verändern sich. Messen wir uns immer am Alten, machen wir nie Fortschritte. In allen Situationen, die keine Gefahren mit sich führen, sollten wir uns die Chance nicht entgehen lassen, etwas zu versuchen, und scheint es noch so unmöglich. Wir werden staunen, wie vieles gelingt, was wir für aussichtslos gehalten hatten. Und selbst wenn nicht: Allein durch den Versuch, durch unsere Willenskraft, es zu schaffen, haben wir an Stärke dazu gewonnen. Und das nächste Mal könnte es dann klappen.

* * *

Es gibt Zeiten, in denen wir uns voller Kraft fühlen, und andere, in denen sie uns fehlt, ohne erkennbaren Grund. Kann das am Biorhythmus oder an Sternkonstellationen oder anderen äußeren Einflüssen liegen?

Solange wir nicht eins mit dem Göttlichen sind, unterstehen wir den Gesetzen des Kosmos, also allen äußeren Umständen, die Einfluss auf die körperliche, vitale und mentale Ebene haben. Wir können so weit gehen zu sagen: *Alles* hat einen Einfluss, insofern als alles mit allem zusammenhängt und verbunden ist wie in einem Netz. Viele dieser Wechselwirkungen hat die Naturwissenschaft wohl noch nicht entdeckt, andere sind bisher nicht ausreichend erforscht, besonders auf einer weniger materiellen, subtileren Ebene wie derjenigen der Schwingungen und Energien.

Deshalb ist es durchaus wahrscheinlich, dass solche äußere Einflüsse welcher Art auch immer unsere Kraft beeinflussen. Es ist jedoch unterschiedlich, wie Menschen diese Energieschwankungen wahrnehmen, manche sind dafür sehr sensibel, andere empfinden sie nicht stark oder überhaupt nicht oder führen sie auf erkennbare Ursachen zurück, wie Arbeitsbelastung und Ernährung.

Eines ist jedoch sicher: Der Geist ist stärker als der Körper, die innere Verfassung ist weitaus entscheidender für unsere Energie. Sind wir zufrieden, ausgeglichen, furchtlos, so belasten und beeinträchtigen äußere Einflüsse uns weniger. Das bedeutet nicht, wir sollen uns über die Signale des Körpers hinwegsetzen: Fühlen wir uns müde oder kraftlos, gönnen wir ihm etwas Ruhe. Übertriebene Selbstdisziplin schadet physisch und psychisch.

WEISHEITEN

Der Grund, Gott [...] zu dienen, liegt darin, den Zustand der Demut zu erreichen, das heißt, zu verstehen, dass alle deine physischen und geistigen Kräfte und dein weltliches Sein von den göttlichen Anteilen in dir abhängen. Du bist nichts als ein Kanal für die göttlichen Eigenschaften.
Issachar Baer von Zlotshov

Die Tiefe der Menschenseele birgt unergründliche Kräfte, weil Gott selbst in ihr wohnt.
Franz von Assisi

Jesus antwortete ihnen [den Aposteln] und sprach: „Wahrlich, ich sage euch: Habt ihr Glauben und zweifelt nicht, [...] wenn ihr sagt zu diesem Berg: 'Hebe dich und stürze dich ins Meer', so wird es geschehen. Und alles, was ihr glaubend erbittet im Gebet, ihr werdet es empfangen."
Matthäus 21,21 f.

Niemand weiß, wie weit seine Kräfte gehen, bis er sie versucht hat.
Johann Wolfgang von Goethe

Strebt jemand die höhere Kraft an, bittet jemand das Göttliche um Hilfe, bittet jemand mit der unerschütterlichen Gewissheit, dass er erhört wird, dann ist es unmöglich, dass es nicht so geschieht, dann kommt es mit Sicherheit.
The Mother

Nicht das Beginnen wird belohnt, sondern einzig das Durchhalten.
Katharina von Siena

Die göttliche Kraft – obwohl unbemerkt und hinter einem Schleier – nimmt die Stelle unserer Schwäche ein und trägt uns durch alle Situationen, in denen es uns an Vertrauen, Mut und Geduld mangelt. Sie macht die Blinden zu Sehenden und die Lahmen zu Wanderern.
Sri Aurobindo

Stärke wächst nicht aus körperlicher Kraft, vielmehr wächst sie aus unbeugsamem Willen.
Mahatma Gandhi

Die tragenden Gedanken

✧ Die Energie, die ich für mein Leben und den spirituellen Weg benötige, beziehe ich aus der Nahrung und sogar mehr noch aus meinem geistigen/psychischen Wohlbefinden.

✧ Meine Nahrung sollte frisch und lebendig sein, mit Liebe zubereitet und in einer friedvollen, harmonischen Atmosphäre genossen werden.

✧ Am meisten Energie verliere ich dadurch, dass ich mich bemühe, geliebt und geschätzt zu werden, es allen recht machen will, mich nicht zeige, wie ich bin, und mich laufend selbst bewerte.

✧ Die göttliche Energie durchströmt das gesamte Universum – *sie* bewirkt alles, *nicht ich* aus meiner Kraft.

✧ Bei allen Herausforderungen und Unterfangen sollte ich nie etwas von vornherein aufgeben, sondern es immer mindestens einmal versuchen, mein Handeln dem Göttlichen weihen und um göttliche Kraft bitten.

✧ Achte ich zu wenig darauf, gute Energien (Nahrung, Umgebung, Beschäftigungen, ...) aufzunehmen?

✧ Bemühe ich mich immer noch mit allen Mitteln darum, geliebt zu werden?

✧ Verschwende ich viel Energie, um meine Maske aufrechtzuerhalten?

✧ Empfinde ich mich jeweils als handelnd und bin stolz auf oder frustriert über die Ergebnisse?

✧ Umgebe ich mich oft mit Menschen, die mir Energie abzapfen?

Aufgabe zur Selbstveränderung

Entwicklungsziel

Ich erkenne mich als nicht handelnd, auch wenn ich aktiv bin; ich werde mir bewusst, dass es eine höhere Kraft ist, die durch mich wirkt. Ich lerne, nicht aufzugeben, nie von vornherein etwas für nicht machbar zu halten und es bei Schwierigkeiten stets noch einmal zu versuchen; dabei stärke ich meinen Glauben, dass alles gelingen kann mithilfe der göttlichen Kraft.

→ Bitte beachte „Tipps zum Umgang mit der Sonnwandeln-Reihe" auf Seite 17

Die beiden Aufgaben A und B sind zwei Aspekte der gleichen Grundhaltung, nämlich uns bewusst sein, dass nicht *wir* handeln, sondern die göttliche Kraft. Daraus folgt: Wir sollten immer alles versuchen und nicht vorschnell aufgeben. Du kannst dich deshalb beiden Aufgaben zugleich widmen und die Erkenntnisse daraus als neue Charaktereigenschaften verinnerlichen. Es geht jedoch nicht darum, etwas zu *erzwingen* – du darfst dir auch eingestehen, dass du es nicht schaffst, und die Demut haben, jemanden um Unterstützung zu bitten. Entscheidend ist, es *zuerst* selbst versucht zu haben und nicht gleich nach Hilfe zu rufen.

Aufgabe A: Das Handeln dem Göttlichen weihen

• Vor jeder Arbeit, vor jeder Tätigkeit überhaupt, wende ich mich in Gedanken an das Göttliche mit Worten wie: „Göttliche Mutter [Gott, höhere Macht, Göttliches, …], ich weihe diese Arbeit dir. Lass deine Kraft darin wirken." So beispielsweise auch vor dem Essen: „Göttliche Mutter, ich weihe diese Speise dir. Lass sie meinen Körper gesund erhalten und ihm Kraft spenden."

• Nach jeder Tätigkeit wende ich mich in Gedanken an das Göttliche mit Worten wie: „Göttliche Mutter, danke für diese Arbeit [dieses Essen, diesen Kinobesuch, diese Lektüre, dieses Spiel mit den Kindern, …]. Lass daraus entstehen, was deinem Willen entspricht."

• Während der Arbeit oder Tätigkeit versuche ich ebenfalls ganz beim Göttlichen zu sein und zu spüren, dass nicht *ich* mit *meiner* Kraft handle, sondern eine höhere Kraft *durch mich*. Das ist schwierig, denn die Gedanken schweifen immer wieder ab, und es ist anstrengend, sie stets aufs Neue zurückzuholen. Es braucht in der Regel viel Zeit, Monate und Jahre, bis es uns gelingt, uns als nicht handelnd zu empfinden. Eine gute Übung, sozusagen die etwas leichtere Alternative für den Anfang – und dennoch keineswegs einfach –, beschreibt der nächste Punkt.

• Bei jeder Arbeit, jeder Handlung, bin ich absolut bei der Sache, konzentriere mich ganz auf das Tun und lasse keine fremden Gedanken zu; ich gebe mich vollständig hin, sodass *ich zur Tätigkeit werde*. Ich befinde mich im Hier und Jetzt und halte die Konzentration auf die Tätigkeit gebündelt. Beispiele:
– Beim Bügeln fokussiere ich mich derart auf das Bügeleisen und meine Hand, die es hält, dass ich mit dem Bügeleisen verschmelze, ich bin nur noch dort, wo das Werkzeug über das Kleidungsstück gleitet. Das kann zum Empfinden führen, als gäbe es mich selbst gar nicht mehr. Ich bin nur noch Tätigkeit.
– Beim Essen konzentriere ich mich ganz auf Messer, Gabel, meine Hände, wie der Bissen in meinen Mund wandert, dann nehme ich den Geschmack auf meiner Zunge bewusst wahr, ob die Speise hart oder weich ist und mehr. Ich lasse dabei keine Gedanken zu, bin ganz bei mir und bei der Tätigkeit des Essens.

Aufgabe B: Es immer versuchen
• *Nicht von vornherein aufgeben.* Ich sage nie „Es geht nicht", bevor ich es nicht zumindest versucht habe – selbst wenn ich überzeugt bin, es sei aussichtslos. Es ist nicht wichtig, ob das Unterfangen am Ende gelingt oder nicht, entscheidend ist, es versucht zu haben. Beispiele:
– Etwas ist kaputt gegangen: Ich versuche, es zu reparieren, bevor ich es wegwerfe und neu anschaffe.
– Ich will etwas vom obersten Regal im Schrank herunterholen, aber ich bin zu klein, um es zu erreichen. Ich rufe nicht meinen großen Mann, sondern hole mir einen Stuhl und schaffe es allein.
– Beim Tennisspielen (Fußballmatch, …) erlaufe ich jeden Ball und denke nicht: „Den erwische ich sowieso nicht"; beim Karten-, Schach- oder einem anderen Gesellschafts-

spiel gebe ich nicht (innerlich) auf, weil der Gegner einen scheinbar uneinholbaren Vorsprung hat.

– „Ich kann das nicht!" gibt es nicht, bevor ich es versucht habe, sei es Singen, Kochen, Nähen, die Fernsehsender programmieren, einen Nagel in die Wand schlagen, den Kopfstand machen, ... In diesem Sinne traue ich mir alles zu – ich versuche es einfach einmal.

– Auch Aussagen wie „Ich habe keine Geduld dafür", „Das liegt mir nicht", „Das muss ich in meinem Alter nicht mehr lernen" kommen nicht mehr über meine Lippen.

• *Noch einmal versuchen und eine neue Lösung finden.* Treten Schwierigkeiten oder Probleme auf bei einer Aufgabe, die ich zu bewältigen versucht habe, so unternehme ich in dem Moment, in dem ich sagen möchte „Es geht nicht", zumindest noch *einen* Versuch. Dabei bemühe ich mich, das Problem von einer anderen Seite zu betrachten, eine alternative Lösung zu finden, vielleicht über einen Umweg oder einen Trick. Es ist nicht wichtig, ob das Unterfangen am Ende gelingt oder nicht, entscheidend ist, es versucht zu haben. Beispiele (es handelt sich hier um Anregungen, nicht um konkrete Lösungsvorschläge):

– Eine Schraube ist zu fest angezogen, ich habe zu wenig Kraft, um sie zu lösen. Ich halte einen Moment inne und besinne mich auf die göttliche Kraft, dann versuche ich es nochmals. Oder ich denke darüber nach, ob etwas helfen könnte, beispielsweise Wärme (mit einer Kerzenflamme) oder Kälte (mit einem Eisbeutel) oder ein Tropfen Öl.

– Ich habe einen Schlüssel auf der Wiese verloren und nach langem Suchen nicht gefunden. Ich denke nicht „Es macht nichts, ich habe noch zwei davon", sondern versuche es auf eine andere Art, beispielsweise mit einem Magneten oder indem ich jeden Quadratzentimeter systematisch abgrase.

– Ich lerne eine Fremdsprache und die Vokabeln wollen mir nicht in den Kopf. Ich melde mich nicht frustriert vom Kurs ab, sondern suche nach Lernhilfen: Gesprächspartner mit dieser Muttersprache, Zettelkasten, Audio-Dateien, die ich beim Autofahren abhöre.

Nur Mut!

Im Universum ist die Energie unendlich, es ist eine nie versiegende Quelle, die in alles strömt und alles nährt. Diese göttliche Energie ist allgegenwärtig, in der Luft, im Wasser, in jedem Lebewesen, in jedem Stein, in jedem Gegenstand – auch überall um dich. Öffne dich ihr!

Denk nie: Ich bin schwach, woher soll ich die Kraft nehmen? Sie ist im Überfluss vorhanden. Du siehst sie nicht? Du fühlst sie nicht? Und doch strömt sie durch dich, in jedem Augenblick. Lass sie wirken, enge sie nicht ein durch Angst, verschwende sie nicht an egoische Wünsche! Du bist Energie, göttliche Energie – alles kannst du schaffen aus der Stärke der Seele, deinem wahren Selbst. Glaub daran und versuche es!

Affirmationen

→ Bitte beachte die detaillierte Anleitung auf Seite 220

Ich vertraue in die höhere Kraft.

Ich nehme die universelle Energie in mich auf und sie wirkt in mir.

Meine Kraft liegt in mir selbst, sie ist immer da.

Ich habe die Kraft, jede Situation anzugehen.

Ich nehme jede Herausforderung an.

Ich wage jetzt, ich selbst zu sein.

Ich bin ich selbst, in jeder Situation.

Ich fühle mich in mir selbst wohl und geborgen.

Ich konzentriere meine Energie auf das Wesentliche.

Alles ist möglich, lasse ich die göttliche Kraft wirken.

Ich glaube daran, dass ich alles schaffen kann.

Alles, was ich brauche, wird mir gegeben.

Ich tue alles, so gut ich es kann.

Ich übergebe mein Handeln dem Göttlichen.

Ich übergebe meine Schwierigkeiten dem Göttlichen.

MEDITATION

Die nachfolgende Meditation beruht auf den Lehren von Sri Aurobindo, wonach die göttliche Energie durch das Scheitelchakra in uns einfließt und von da nach unten strömt, von einem Chakra zum nächsten, und jedes nach und nach öffnet. Dieser Prozess erfolgt nicht schlagartig; nur wenn die Meditation regelmäßig praktiziert wird, gelangt die Kraft jedes Mal tiefer, bis alle sieben Chakren erreicht worden sind.

→ Chakra: siehe Glossar Seite 229

In jedem Fall ist es eine wohltuende Übung, die uns mit der universellen Energie versorgt.

Allgemeine Anleitung
Setz dich in achtsamer, aufrechter Haltung bequem hin, auf einen Stuhl oder am Boden auf ein Kissen, sodass dir wohl ist und nichts wehtut.

Ablauf der Meditation
• Ich schließe die Augen und werde innerlich still, indem ich mich auf den Atem konzentriere, ohne seinen Rhythmus zu beeinflussen: Ich beobachte einfach, wie ich einatme, wie ich ausatme, und nehme vor allem den Augenblick zwischen Einatmen und Ausatmen/Ausatmen und Einatmen wahr, in welchem der Atem gewissermaßen stillsteht, alles bewegungslos ruht.

→ Bitte beachte die detaillierte Anleitung auf Seiten 221ff.

• Wenn ich ganz bei mir bin, spreche ich in Gedanken: „Komm, universelle Kraft, fließ in mich" und ich spüre, wie diese Energie von oben durch meinen Scheitelpunkt in mich einströmt.

• Ich verharre ganz ruhig und lasse es geschehen; von Zeit zu Zeit kann ich die Bitte in Gedanken wiederholen.

• Kommen fremde Gedanken auf, vertreibe ich sie nicht gewaltsam, sondern versuche, sie ruhig und bestimmt aus mir hinauszuweisen, und bringe meine Konzentration immer wieder auf meine Bitte um Kraft zurück.

• In dieser Meditation verbleibe ich, solange mir wohl ist. Will ich sie beenden, so atme ich tief in den Bauch, öffne die Augen, verharre eine Weile regungslos, schaue um mich, spüre meinen Körper und bewege mich langsam.

→ Bitte beachte die detaillierte Anleitung auf Seiten 224ff.

Haupt-Blüten

Seelenzustand	Nr.
Ich fühle mich zu schwach, um meine Aufgaben zu bewältigen.	17
Ich fühle mich schwach, überwinde mich aber immer wieder und mache weiter.	22
Ich spüre, dass ich meine Lebensenergie verschwende; ich bin völlig ausgelaugt.	23
Ich versuche, meine Sorgen, Probleme, Traurigkeit hinter einer Maske von Fröhlichkeit und guter Laune zu verbergen.	1

Gewählte Blüten:

☐ ☐ ☐ ☐

Zusatz-Blüten

Seelenzustand	Nr.
Ich bin extrem selbstbeherrscht oder habe Angst, mich nicht kontrollieren zu können.	6
Ich bin überempfindlich gegen Unordnung und/oder pedantisch.	10
Ich bin schüchtern, zurückhaltend, es gelingt mir nicht, spontan zu sein.	20
Ich verurteile mich für meine Unzulänglichkeiten.	27

Gewählte Blüten:

☐ ☐ ☐ ☐

EMPFOHLENER HEILSTEIN: APOPHYLLIT

→ Bitte beachte
die detaillierte
Anleitung auf
Seite 227

Wirkung

Diesen Stein habe ich schon im vorangehenden Kapitel zum Thema „Anhaftung und Loslassen" empfohlen. Jetzt machen wir uns vor allem zunutze, dass er von Masken, Mustern und äußerem Druck befreit, Schuldgefühle und energetische Blockaden löst. Da er gleichzeitig gegen Ängste wirkt sowie Ehrlichkeit und Lebensfreude fördert, ist er ein geeigneter Stein für unseren Energiefluss.

Anwendung

Auf dem Körper tragen mit Hautkontakt.

Reinigen und Aufladen

Einmal im Monat unter fließendem lauwarmem Wasser reinigen; anschließend für einige Stunden auf einer Bergkristallgruppe aufladen.

Rückschau und Vorschau

Nachdem du eine Weile – in der Regel mehrere Wochen – in deinem All-tag zum Thema dieses Kapitels an dir gearbeitet hast, blickst du kurz zurück und schaust, wo du stehst. Kreuze bei den untenstehenden Aus-sagen an, was auf dich zutrifft. Sei ehrlich zu dir selbst, ohne falsche Bescheidenheit und ohne Selbstvorwürfe oder Entmutigung – es ist nur eine Bestandesaufnahme, ohne Wertung, um zu erkennen, in welchem Bereich du dich noch bemühen kannst... damit du wirst, was du bereits bist.

Lernziele dieses Kapitels Erreicht:	Ja	Nein
Ich bemühe mich jetzt, gesündere, lebendigere Nahrung zu mir zu nehmen, die mir mehr Energie schenkt. Oder: Bei der Zubereitung und Einnahme meiner Mahlzeiten achte ich auch auf eine positive Schwingung und Atmosphäre.	☐	☐
Ich denke im Alltag meistens daran, mein Handeln dem Göttlichen zu weihen und mich ganz auf die Tätigkeit zu konzentrieren. Oder: Ich kann inzwischen akzeptieren, dass nicht ich handle, sondern die göttliche Energie durch mich.	☐	☐
Es gelingt mir mehr und mehr, meine Energie nicht mit sinnlosen Tätigkeiten, Gedanken und Emotionen zu vergeuden.	☐	☐
Ich habe gelernt, Kraft aus allem zu schöpfen, was gut und schön und wohltuend ist. Oder: Im Alltag bemühe ich mich stärker, meine Kraft und Energie mehr von innen als von außen zu beziehen.	☐	☐
Wenn ich etwas nicht auf Anhieb schaffe, versuche ich es ein weiteres Mal, ich gebe nicht einfach auf. Oder: Ich rufe nicht mehr so schnell um Hilfe, wenn ich etwas nicht auf Anhieb kann.	☐	☐
Es fließt nicht mehr so viel Energie aus mir ab, weil ich weniger häufig versuche, eine Maske aufrecht-zuerhalten und/oder mich selbst bewerte.	☐	☐

Mein weiterer Entwicklungsschritt

Notiere jetzt eine Einsicht/Herausforderung/Aufgabe, an der du arbeiten willst – aber nur eine!
Dann prägst du sie dir gut ein, bittest das Göttliche, dich dabei zu führen und dein Bemühen zu fördern, und lässt sie los. Du kannst jetzt mit dem nächsten Kapitel und dessen Aufgaben weiterfahren.

Den Entwicklungsschritt, den du hier aufgeschrieben hast, darfst du von Zeit zu Zeit nachlesen, gewissermaßen zur Erinnerung, aber beschäftige dich gedanklich nicht mehr damit. Den Impuls hast du nämlich gesetzt – überlass es dem Göttlichen, ihn so umzusetzen, wie es für dich gut ist.

....

....

....

....

....

....

....

....

....

....

....

....

....

....

....

....

Wie das Wasser am Lotos und den Seerosen abperlt und ihnen nichts anhaben kann, so berührt uns Krankheit nicht – unsere Seele ist ewig und unverwundbar.

6. Krank oder heil

Themen dieses Kapitels
• Es gibt nur *eine* Krankheit, ebenso wie es nur eine Gesundheit gibt • Die tiefere Symbolik der Krankheit • Wie wir die Krankheit rechtzeitig wahrnehmen und sie aufhalten können • Heil sein bedeutet ganz sein • Spirituelle Erkrankungen • Heilmethoden und die Selbstheilungskraft des Körpers • Welche Bedeutung haben Unfälle? • Tödliche Diagnose und verbleibende Lebenszeit • Schwere Erkrankungen bei jungen Menschen • Die Angst vor Krankheit

Entwicklungsziel
Ich erkenne die Krankheit als einen wichtigen Wegweiser, zugleich auch als Unterstützung bei Entwicklungsschritten, und bin wachsam für die auftretenden Symptome.
Ich lerne an den kleinen Alltagswehwehchen, mit dem Schmerz umzugehen und ihn aufzuheben, damit es mir bei stärkeren Schmerzen auch gelingen kann.

Was ist Gesundheit?

Gesundheit ist den meisten von uns eine Selbstverständlichkeit, die wir in der Regel nicht bewusst wahrnehmen; erst wenn wir erkranken, wenn uns also „etwas fehlt", wie man so schön sagt, merken wir, dass sie uns abhanden gekommen ist. Obwohl in der Medizin von verschiedenen Krankheiten gesprochen wird, ist es in einem höheren Sinne nicht korrekt: Definieren wir Krankheit als das *Fehlen von Gesundheit*, so gibt es genau genommen nur *die* Krankheit. Hingegen existieren verschiedene Symptome, also die Formen, wie sich Krankheit äußert. Daher ziehe ich zur Differenzierung den Begriff *Erkrankungen* vor; spreche ich in anderen Bänden und Kapiteln der Sonnwandeln-Reihe zuweilen dennoch von Krankheit*en*, so tue ich es dem allgemeinen Sprachgebrauch folgend.

Was ist denn diese Gesundheit, die für uns so wertvoll ist, dass wir sie über alle materiellen Güter stellen? Wir können

→ Vergleiche Kapitel 1 und 2, Seiten 19ff.

sie als korrektes Funktionieren unserer drei egoischen Elemente bezeichnen: des Körpers mit den Organen, lebenserhaltenden Prozessen und der sinnlichen Wahrnehmung, des Mentalen mit dem Denkprozess und den Verstandesfunktionen und des Vitalen mit seinen Emotionen, Impulsen und dem Lebensantrieb. Die Seele kennt weder Gesundheit noch Krankheit, sie ist der göttliche Kern in uns, ewig und unverwundbar.

Gehört die Frage nach Gesundheit und Krankheit also in den Kontext des Ego und ist für unseren spirituellen Weg nicht von Bedeutung? Asketische Glaubensrichtungen würden dies wohl bejahen: Es gibt in Ost und West Berichte von Menschen, die ihren Körper vernachlässigten oder Erkrankungen und Gebrechen völlig gleichmütig annahmen und kaum beachteten.

Das Ego ist unser Werkzeug

Bevor wir die Erleuchtung, Gottesverwirklichung (oder wie wir es nennen wollen) erlangt haben, leben wir in – oder mit – unserem Ego: Ohne den Körper, den Verstand und die Emotionen könnten wir nicht durch diese Existenz wandern, unsere Erfahrungen in der Lebensschule machen und uns weiterentwickeln. Es ist deshalb wichtig, ihnen Sorge zu tragen und sie gesund zu erhalten. Es geht auf unserem spirituellen Weg ja darum, das Ego zu *verwandeln*, nicht zu *vernichten*.

→ Vergleiche Kapitel 5, Seiten 149ff.

In welchem Ausmaß dabei auch die Möglichkeiten der modernen Medizin genutzt werden sollen, muss jeder für sich selbst entscheiden – obwohl es manchmal nicht einfach ist. Unterziehe ich mich einer Chemotherapie, um mein Leben um einige Monate oder Jahre zu verlängern? Stimme ich einer Herztransplantation zu, wenn mein eigenes Organ keine Kraft mehr hat? Muss ich um jeden Preis weiterleben oder darf ich mich zum Sterben zurückziehen oder gar den Tod herbeiführen? Wann ist es richtig, gegen eine Erkrankung anzukämpfen, und wann, gleichmütig und vertrauensvoll aufzugeben?

→ Solchen Fragen gehe ich in „Fragen & Antworten" nach, Seiten 195ff.

Die Symbolik der Krankheit

Wie alles, was uns zufällt, hat auch Krankheit einen Sinn: Sie will uns etwas mitteilen, lehren. Vom banalen Schnupfen über ernst zu nehmende Symptome bis zu behindernden und lebensbedrohlichen Erkrankungen: Jede einzelne Ausprägung besitzt eine eigene allgemeine Symbolik und hat für den Betroffenen darüber hinaus eine individuelle Bedeutung. Oft helfen uns Redensarten, die ja aus alter Weisheit stammen, dabei, ersteres zu deuten. Die Frage „Was bereitet Kopfzerbrechen?" kann uns bei Kopfschmerzen zu einer Erklärung verhelfen, „Was liegt auf dem Magen?" bei Bauchweh. Doch *mein* Bauchweh hat eine andere Bedeutung als *dein* oder *sein* Bauchweh. Etwas liegt auf dem Magen, aber warum? Der genaue Grund jedes Symptoms kann nur durch die vertiefte Betrachtung und Kenntnis der individuellen Situation des betroffenen Menschen korrekt gedeutet werden.

→ Zum Zufall und Schicksal vergleiche Kapitel 3 in Band I; Info siehe Seite 233

Deshalb liegt es nahe, dass jeder durch ehrliche Innenschau die Erklärung selbst finden sollte – es ist schwierig, dies für andere zu tun oder allgemeingültige Aussagen ungeprüft zu übernehmen.

Jedes Symptom, sei es körperlich, mental oder emotional, ist jedenfalls eine Störung des Gleichgewichts: Es will ange-

schaut und verstanden werden, damit wir unsere Schlussfolgerungen daraus ziehen, uns angemessen verhalten und
somit das Gleichgewicht wieder herstellen können.

Gesund ist nicht heil

Das Fehlen von Krankheitssymptomen bezeichnen wir als
Gesundheit. „Es geht mir gut", sagen wir dann. Heißt das,
wir sind *heil*?

→ Siehe
Seite 191

Das Wort geht auf das althochdeutsche *Heil* zurück, das
Gesundheit, Glück bedeutete; es ist auch mit dem altengli-
schen *hael* (= günstiges Vorzeichen) sowie mit den heutigen
englischen Wörtern *whole* (= ganz) und *hale* (= gesund, rüs-
tig, munter) verwandt, vielleicht auch mit dem hebräischen
holah (= das, was emporsteigt). Im Christentum bekam *Heil*
den Sinn von Erlösung, wie es heute noch in Begriffen wie
Heilslehre und Heilsgeschichte enthalten ist. Im ursprüngli-
chen Sinn von Glück verwenden wir es noch in guten Wünschen wie Weidmanns Heil und Petri Heil.

Wann sind wir also heil? Bestimmt nicht dann, wenn wir
gerade nicht krank sind, also gesund. Zum Heil-Sein gehört
mehr: Schließen wir doch alle oben erwähnten Bedeutun-
gen ein! Heil sind wir, wenn wir in allen unseren Elementen
gesund sind, zufrieden/glücklich in uns ruhen, ganz im Sinn
der Einheit von Seele und Ego beziehungsweise von Seele
und verwandeltem Ego, emporgestiegen und erlöst im Sinn
von aufs Göttliche ausgerichtet oder eins mit ihm. Erst dann
geht es uns wahrhaft gut; beim bloßen Fehlen von Krankheitssymptomen sind wir noch lange nicht heil.

Krankheitssymptome spirituell deuten

Auch wenn wir uns auf den spirituellen Weg begeben und unser Heil suchen, bleiben wir deswegen nicht verschont von scheinbar gewöhnlichen Erkrankungen mit ihrer gewöhnlichen Bedeutung. Auf die Symbolik einzelner Symptome gehe ich hier jedoch nicht ein; dazu gibt es gute Literatur, besonders die Schriften von Dr. Rüdiger Dahlke. Es ist durchaus hilfreich, uns bei Beschwerden damit auseinanderzusetzen, was das jeweilige Symptom uns sagen will. Wir sollten dabei aber unseren Blickwinkel erweitern und nicht bei der alltagstauglichen Lösung stehen bleiben. So genügt es nicht, um ein anschauliches Beispiel zu nennen, uns bei einem Augenleiden zu fragen „Was will ich nicht sehen?", unsere Antwort vielleicht darin zu finden, dass wir die Augen vor den über ein normales Ausmaß hinausgehenden Konzentrationsproblemen unseres Kindes verschlossen haben, jetzt diese Tatsache akzeptieren und angemessen handeln. Vielmehr müssen wir tiefer forschen und uns in Bezug auf die wichtigen Werte des spirituellen Weges, wie Hingabe an das Göttliche, Urvertrauen, Selbstwertgefühl, Gleichmut und mehr, weitere Fragen stellen, in etwa: *„Warum* wollte ich es nicht sehen? Hatte ich *Angst,* von den Mitmenschen verurteilt zu werden, wenn mit meinem Kind etwas nicht stimmt? War mein *Urvertrauen* nicht stark genug, mich auch in dieser Situation getragen zu wissen?"

Dann können uns Symptome auf dem Weg der Selbsterkenntnis tatsächlich unterstützen und uns zu entscheidenden Schritten leiten. Dabei sollten wir uns bewusst sein, dass das Göttliche uns an die Herausforderungen heranführt, an denen wir wachsen können – je schwerer eine Erkrankung ist, desto mehr können wir aus ihr lernen und desto mehr *müssen* wir aus ihr lernen, denn möglicherweise haben wir in der Vergangenheit schwächere Signale übersehen.

In diesem Zusammenhang noch eine Bemerkung zu den so genannten karmischen Erkrankungen. Dieser Begriff wird zuweilen verwendet und bezeichnet Gesundheits-

→ Karma-Gesetz: siehe Glossar Seite 231

störungen, die wir in diesem Leben durchmachen als Folge einer Ursache aus einem früheren Leben. Mag sein, dass diese Vorstellung jemandem, der an die Wiedergeburt glaubt, dabei hilft, ein Leiden leichter anzunehmen und zu ertragen. Führen wir uns jedoch den Sinn des Lebens vor Augen, nämlich zu lernen, innerlich zu wachsen auf dem Weg zur Vollkommenheit, so verfolgt auch eine karmische Erkrankung nur diesen Zweck; wichtiger als nach der Ursache in der Vergangenheit zu forschen, ist demnach die Frage nach der Lektion für die Zukunft.

→ Vergleiche Kapitel 1 und 3 in Band I; Info siehe Seite 233

* * *

Wie wir Krankheit rechtzeitig erkennen und sie aufhalten können

Viren, Bakterien und andere Krankheitserreger umgeben uns ständig – einmal erkranken wir daran, einmal nicht. Befinden wir uns im Gleichgewicht, sind wir weniger anfällig, sowohl für äußere Faktoren als auch für innere organische Ursachen.

Nun wird auch gesagt, jede Erkrankung manifestiere sich in unserem feinstofflichen Körper (Aura, Energiefeld oder wie man es nennen mag), bevor sie den physischen Körper befällt; es gibt sogar alternative Diagnosemethoden, die auf dieser Annahme beruhen. Gelingt es uns, die Erkrankung in diesem Stadium wahrzunehmen und zu stoppen, bricht sie im physischen Körper gar nicht erst aus. Das ist nicht so schwierig, wie es sich anhören mag, es bedarf allerdings der Achtsamkeit: Tritt eine Erkrankung in unsere Aura ein, so fühlt es sich an wie ein kurzes Frösteln oder leichtes Unbehagen, manchmal auch als ob etwas Unangenehmes uns umgäbe oder leicht berührte. Diese Wahrnehmung dauert jedoch lediglich einen Augenblick, vielleicht eine Sekunde, und nur wenn wir auf der Stelle reagieren, haben wir eine Chance, der Krankheit den Zugang zu unserem Körper zu verwehren. Wir müssen sie sofort von uns weisen, sie hinauswerfen, die Verbindung durchtrennen, bildlich oder in Gedanken oder ausgesprochenen Worten: „Nein! Geh weg von mir! Nichts kann mir etwas anhaben, nichts kann mich verletzen!"

→ Zur Achtsamkeit vergleiche Kapitel 6 in Band II; Info siehe Seite 234

Leider sind wir meistens nicht achtsam genug und verpassen deshalb das Eindringen der Krankheit in die Aura; wir merken es erst, nachdem der Körper schon befallen ist, und dann ist es viel, viel schwieriger, sie wieder loszuwerden. Die Möglichkeit besteht selbstverständlich auch später, aber es bedarf dann eines ausgeprägten Körperbewusstseins und spiritueller Kraft.

→ Vergleiche auch Seite 197 zu den Unfällen

* * *

Heil sein bedeutet ganz sein, eins sein.
Der Begriff der Krankheit kann weiter gefasst werden, als dies im gewöhnlichen Sprachgebrauch üblich ist: Sind wir nicht heil, so sind wir krank, auch wenn sich das nicht in offenkundigen Symptomen zeigt und wir uns körperlich und geistig gesund fühlen. Doch es ist nicht nötig, über die Krankheit nachzusinnen, denn wir sollen uns nicht auf den Schatten, sondern auf das Licht konzentrieren. Wirklich weiter kommen wir, sobald wir erkennen, was heil sein bedeutet und wie wir diesen Zustand erlangen.

Wie die Redewendung „Mir fehlt etwas" schon sagt, sind wir im Zustand der Krankheit nicht „vollständig", nicht ganz, nicht eins. Das sind wir hingegen, wenn alle Elemente in uns sich im Gleichgewicht befinden und den Anweisungen der Seele folgen. Bei diesen Elementen handelt es sich um die drei höheren oder verwandelten Ebenen des Ego: inneres Mentales, inneres Vitales und inneres Körperliches. Wir können auch sagen: Heil sind wir, leben wir die reine, schöne Seite dieser Ichs und lassen uns nicht von der niederen tyrannisieren, beispielsweise bedingungslose Liebe statt blinde Leidenschaft, geistige Klarheit statt vorgefasste, starre Meinungen, körpergerechte Aktivität anstelle von Trägheit. Dabei ist wichtig, dass die drei Ebenen *ausgeglichen* miteinander wirken können und wir nicht die eine oder andere stärker gewichten. Die Seele soll ihr Bezugspunkt sein, ihre Ausrichtung, der Kern, um den sie sich sammeln und in dem sie gewissermaßen verschmelzen. Nur dann sind wir tatsächlich eins, heil.

→ Vergleiche Kapitel 2, Seiten 29ff.

* * *

Spirituelle Erkrankungen

Bei Kindern lässt sich gut beobachten, wie sie nach einer Erkrankung jeweils einen Entwicklungsschritt vollziehen; das verdeutlicht die Verbindung zwischen Körper und Psyche oder zwischen Ego und Seele, je nachdem auf welcher Ebene wir es betrachten.

Bei uns Erwachsenen ist es nicht anders. Es geht dabei nicht nur darum, aus der Deutung der Symptome zu erkennen, zu lernen und innerlich zu wachsen; vielmehr bewirkt eine körperliche Herausforderung automatisch eine innere Wandlung, obwohl wir diese oft nicht sofort wahrnehmen oder den direkten Zusammenhang nicht sehen.

Das Umgekehrte gilt ebenso, und es ist wichtig, uns dessen bewusst zu sein, um nicht in jeder Erkrankung gleich eine „Strafe" für eine nicht verstandene Lektion zu sehen. Denn vor allem Menschen auf dem spirituellen Weg hinterfragen und wollen verstehen, was ihnen zufällt, und daraus lernen. Somit versuchen sie auch, Erkrankungen zu deuten, finden aber manchmal keine Antwort, warum sie gerade jetzt oder generell an bestimmten Symptomen leiden. Dafür gibt es eine ganz andere Erklärung: Sie arbeiten intensiv an sich, haben eine Erkenntnis erlangt oder sind innerlich gewachsen, und dieser Prozess muss sich auf allen Ebenen vollziehen (mental, emotional und physisch). Die körperliche Ebene als dichteste und trägste von den dreien hinkt gewissermaßen hinterher, sodass wir uns in einem gestörten Gleichgewicht befinden. Dies kann sich in Form von Krankheit äußern und hat dann die Funktion, das Ungleichgewicht zwischen dem bereits erfolgten inneren Fortschritt und dem „stehen gebliebenen" Körper zu beseitigen; die Symbolik zeigt uns dementsprechend nicht auf, was wir noch lernen sollen, sondern was wir bereits gelernt haben.

Anders ausgedrückt: Krankheit deutet immer darauf hin, dass ein Ungleichgewicht in der Entwicklung entweder zwischen Ego und Seele besteht oder zwischen den verschiedenen Ebenen des Ego untereinander. Umgekehrt gilt: Gesund sind wir, wenn alle unsere Aspekte sich auf dem gleichen Stand und mit der Seele in Einklang befinden – bis hin zur vollständigen Verwandlung der drei Ego-Elemente in ihre sublimierte innere Form.

→ Vergleiche Kapitel 2, Seiten 29ff.

Ich fasse zusammen und halte fest: Jede Erkrankung bewirkt auch ein inneres Wachsen und jede innere Entwicklung findet ihre Entsprechung im Körper, wobei sowohl die innere Veränderung als auch die äußerlich sichtbaren Symptome unterschiedlich stark ausgeprägt sein können, manchmal kaum erkennbar, manchmal gewichtig und einschneidend.

SINNBILDLICH

Die Heilung des mondsüchtigen Knaben
Eine Geschichte aus dem Neuen Testament (nacherzählt
nach Matthäus 17, 14-22)

Jesus und die Apostel waren von einer großen Volksmenge
umringt. Da kam ein Mann zu Jesus und warf sich vor ihm
auf die Knie.
„Herr, erbarme dich meines Sohnes! Er ist mondsüchtig
und es geht ihm sehr schlecht. Oft stürzt er und fällt ins
Feuer oder ins Wasser", erzählte der Mann. „Ich habe ihn
zu deinen Jüngern gebracht, aber sie konnten ihn nicht hei-
len."
Jesus antwortete: „Was seid ihr nur ungläubige und ver-
kehrte Menschen! Wie lange muss ich denn noch bei euch
weilen? Bring ihn zu mir!" Und er schrie den bösen Geist im
Knaben an, sodass dieser ihn augenblicklich verließ und
der Junge sofort geheilt war.
Die Jünger wunderten sich und fragten ihren Meister:
„Warum haben wir es nicht geschafft, den Dämon zu ver-
treiben?"
„Weil ihr kein Vertrauen habt!", antwortete Jesus. „Hättet
ihr nämlich nur so viel Vertrauen, wie in einem Senfkorn
Platz hat, könntet ihr jenem Berg befehlen, sich von seiner
Stelle weg zu bewegen und dort hinüber zu rücken, und er
würde euch gehorchen. Nichts wäre unmöglich für euch."

Sind andere Heilmethoden, beispielsweise schamanische oder chinesische, die den Menschen als Ganzes betrachten, nicht auf jeden Fall besser als unsere schulmedizinischen? Nichts, was von außen kommt, kann uns heilen. Das können wir nur selbst: Sowohl bei chemischen als auch bei natürlichen Methoden, einschließlich Praktiken wie Rituale oder Handauflegen, handelt es sich lediglich um Hilfsmittel, welche die Selbstheilungskräfte in uns aktivieren oder stärken. Ein überzeugendes Beispiel ist der in schulmedizinischen Studien auftretende Placebo-Effekt: Ein Scheinmedikament ohne Wirkstoff ruft bei einer mehr oder weniger hohen Anzahl Patienten, manchmal 50 % und darüber, die gleiche Besserung hervor wie das echte Medikament. In jüngerer Zeit wurde dieser Effekt sogar bei chirurgischen Scheineingriffen nachgewiesen.

Können wir also nicht ebenso gut auf jegliche Art Medizin verzichten und nur versuchen, die Selbstheilung in Gang zu bringen? Sind das Urvertrauen und der Glaube stark genug, dann ja. Doch meistens sind sie es nicht, und sei es nur, weil irgendwo im Unbewussten ein Zweifel lauert oder eine unbestimmte Prägung, dass ein Mittel oder eine Methode unerlässlich sei.

Selbst wenn das Mentale einmal davon überzeugt ist, die Genesung stamme nur aus der Selbstheilung, kann das ängstliche vitale Ich ein Hilfsmittel benötigen und es muss gewissermaßen überlistet werden: „Sieh, ich nehme eine Medizin, die gut wirkt, also werde ich gesund!"

→ Zur besonderen Angst des Vitalen vergleiche Kapitel 1 in Band II; Info siehe Seite 234

Deshalb ist es wahrscheinlich weniger wichtig, welcher Medizintradition wir uns im Bedarfsfall zuwenden, als unser Glaube daran. So ist es bestimmt vernünftig, diejenige zu wählen, die am wenigsten unerwünschte Nebenwirkungen verursacht. Noch bedeutsamer ist, auf die innere Stimme zu hören und ihr zu vertrauen; dann können wir nichts falsch machen. Und seien wir uns immer bewusst, dass *alles* im großen Weltschauspiel seinen Platz und Sinn hat – die Schulmedizin und der Schamane, die Krankheit und die Genesung, das Leid und die Freude.

* * *

Wie lassen sich die typischen Altersgebrechen deuten, die jeder Mensch irgendwann bekommt, weil der Körper wie eine Maschine dem normalen Verschleiß unterliegt? *Fast* jeder Mensch. Es gibt durchaus Senioren, die ohne Brille Zeitung lesen oder sportliche Höchstleistungen erbringen. Doch natürlich sind das Ausnahmen. Aber auch ältere Menschen leiden ja nicht alle an den gleichen Erkrankungen. Beim einen tritt eine Seh- oder Hörschwäche auf – möglicherweise weil er gewisse Fakten nicht wahrnehmen will? Ein anderer sieht und hört zwar noch gut, leidet aber an Arthrose, die ihn am Gehen hindert – welche Schritte will er wohl nicht machen? Ein Dritter wird dement und erkennt seine nächsten Angehörigen nicht mehr – hat er einfach genug von ihnen?

Vielleicht müssen wir Altersgebrechen jedoch nicht bezüglich einer akuten Situation deuten, sondern als logische Folge bestimmter Verhaltensweisen, die über Jahre und Jahrzehnte praktiziert wurden. Erblindung oder Taubheit könnte darauf beruhen, dass jemand immer die Augen und Ohren vor seinen Beziehungsproblemen verschlossen hat; ein Hirnschlag mit Lähmung darauf, dass jemand stets wie gelähmt alles akzeptiert hat, anstatt sich zu wehren; die Demenz und der damit verbundene Rückzug in eine Fantasiewelt auf einer lebenslangen Flucht vor der Realität.

Eine allgemeinere Betrachtungsweise legt auch nahe, dass die typischen Alterserscheinungen, wie schlechtere Augen und Ohren, geringere Beweglichkeit, auch Schmerzen und andere Behinderungen, die Menschen dazu führen sollen, sich nach und nach aus der äußeren Welt zurückzuziehen und sich vermehrt der inneren Welt zuzuwenden, nicht im Hinblick auf den nahenden Tod, sondern einfach weil die richtige Zeit dafür gekommen ist. Die Erwerbstätigkeit ist beendet, die Kinder sind erwachsen und stehen auf eigenen Füßen, vieles hat man bereits zur Genüge erlebt (Reisen, Vergnügen aller Art), sodass die Zeit und die Muße vorhanden wären, sich intensiv dem Seelenheil zu widmen. Da kommen uns doch spontan die Alten aus früheren Zeiten in den Sinn, wie sie still und zufrieden, ohne Bedürfnisse und Wünsche, auf einer Bank vor dem Haus oder hinter dem Fenster saßen, ganz in sich gekehrt.

*   *   *

Welche Bedeutung haben denn Unfälle und wie kann man diese vermeiden?
Die Symbolik in Bezug auf den betroffenen Körperteil bleibt sich gleich wie bei Erkrankungen. Zusätzlich lassen sich möglicherweise weitergehende Schlüsse ziehen, betrachten wir das „Werkzeug", das den Unfall verursacht hat: Wofür steht ein Hammer, eine Leiter, eine Glasscherbe, …?

Handelt es sich um einen Selbstunfall, an dem keine weiteren Personen beteiligt sind, so geschieht ein solcher oft, weil wir unaufmerksam sind, mit den Gedanken woanders: Das Mittel, ihn zu vermeiden, liegt darin, im wahren Sinne des Wortes bei der Sache zu sein, also in der Gegenwart zu leben und immer ganz auf das konzentriert, was wir gerade tun. Unfälle, die auf Nachlässigkeit und Konzentrationsmangel beruhen, sollen uns also nicht zuletzt ermahnen, achtsamer zu werden. Dann lassen sie sich teilweise vermeiden. Rutschen wir etwa auf Glatteis aus, haben wir binnen Millisekunden gewissermaßen die Wahl, ob wir fallen oder ins Gleichgewicht zurück wollen. Es ist selbstverständlich keine mentale Entscheidung, die wir in dieser Situation treffen können, sondern sie beruht auf der Achtsamkeit, die uns eine Reaktion überhaupt erst ermöglicht, und auf einer grundlegenden inneren Haltung, schnell aufzugeben oder uns bis zuletzt zu bemühen.

→ Vergleiche Kapitel 5, Seiten 149ff.

Bei einem Unfall mit anderen Beteiligten sollten wir uns bewusst sein, dass die betreffende Person, die den Unfall verursacht oder entscheidend beeinflusst hat, als Werkzeug des Göttlichen dient: Niemals könnte sie uns etwas antun, das nicht für uns bestimmt ist. Somit können wir diese Person zwar rechtlich zur Verantwortung ziehen, aber von einer höheren Warte aus betrachtet ist sie nur sich selbst gegenüber verantwortlich und hat mit dem, was uns geschehen ist, nur indirekt zu tun. Es ist in den meisten Fällen nicht einmal sinnvoll, die mit dieser Person zusammenhängende Symbolik für die Bedeutung des Unfalls zu berücksichtigen, außer es handle sich um ein offensichtliches Zeichen, das wir auf Anhieb erkennen und verstehen.

→ Zur Verantwortung anderen gegenüber vergleiche Kapitel 3 in Band I; Info siehe Seite 233

*   *   *

Wenn der Geist doch stärker als der Körper ist, lässt sich dann mit genügend Willenskraft, Motivation, Glaube jede Erkrankung heilen? Nicht mit Willenskraft, nicht mit Motivation. Nur mit dem Glauben, unserer Hingabe an das Göttliche, lässt sich jede Erkrankung wenn auch nicht unbedingt heilen, so aber immer *bewältigen*. Ob wir genesen, liegt in den Händen des Göttlichen und nicht in unseren. In unserer Macht liegt hingegen, wie wir damit umgehen, ob wir mit dem Schicksal hadern oder es gleichmütig akzeptieren.

*   *   *

Einige Gesundheitslehren gehen davon aus, jede Erkrankung entstehe durch einen falschen Fluss unserer Energie. Wie verhält es sich genau damit?
Darüber gibt es verschiedene Theorien und darauf begründete Therapien, auf die ich nicht im Einzelnen eingehen will; einige stammen aus der chinesischen Medizin, einige wurden daraus abgeleitet und wieder andere sind eigenständige esoterische Erkenntnisse. Im Internet und in der Fachliteratur finden sich genügend Informationen darüber, beispielsweise über Akupunktur, Kinesiologie, Shiatsu, Polarity und viele mehr, bei denen es immer um den Fluss der Energie im Körper geht.

Ich will in diesem Zusammenhang aber ein Modell in aller Kürze vorstellen, das möglicherweise weniger bekannt ist. Es stammt von der italienischen spirituellen Psychologin Angela Maria La Sala Batà, das sie in ihrem Buch „Medicina psico-spirituale" erläutert. Hier steht unsere falsche *Verwendung* der Energie im Vordergrund, vor allem im vitalen Bereich. Die daraus resultierenden Störungen lassen sich in zwei Kategorien aufteilen.

• *Störungen, die aus einer Energiestauung entstehen.* Die Energie wird zwar aktiviert, beispielsweise in einer schwierigen, herausfordernden Situation, der wir uns stellen, sodass wir uns in Alarmbereitschaft versetzen. Dann weichen wir aber zurück und die Energie wird nicht benutzt. Dadurch entsteht eine Energiestauung und daraus eine Spannung. Symptome sind Reizbarkeit, Erregung, Ängstlichkeit;

die entsprechenden Erkrankungen sind oft entzündlicher Natur, manifestieren sich aber auch in Symptomen von Überschuss, wie Bluthochdruck, Überproduktion von Magensäure, Muskelverspannungen.

• *Störungen, die auf einer Energiehemmung beruhen.* Die Energie wird, teilweise auch unbewusst, zurückgehalten, am normalen Wirken gehindert – etwa wenn wir uns einer schwierigen, herausfordernden Situation erst gar nicht stellen, sondern ihr ausweichen oder in kindlicher Weise Hilfe suchen; wir unterdrücken die in uns vorhandene Energie. Die Symptome sind Müdigkeit, Erschöpfung, Depression, Apathie, Nachlässigkeit; die entsprechenden Erkrankungen sind oft organischer Natur, bis hin zum Tod eines Organs, der auf einer Unterversorgung mit Energie beruht.

* * *

Da vorbeugen bekanntlich besser ist als heilen: Was können wir aus spiritueller Sicht praktisch tun, um die Gesundheit von Körper, Mentalem und Vitalem zu erhalten?
Ich stelle eine provokante Gegenfrage: Warum wollen wir die egoische Gesundheit unbedingt erhalten? Und wenn erst eine Erkrankung uns eine wichtige Erkenntnis ermöglichte und zu einem entscheidenden Entwicklungsschritt beitrüge?

Natürlich möchten wir alle gesund und frei von Leiden durch das Leben wandern und es ist bestimmt auch unsere Pflicht, uns darum zu bemühen, innerhalb der Grenzen dessen, was wir dazu beitragen können. Das heißt: uns gesund ernähren, dem Körper die nötige Erholungszeit, also genügend Ruhe und Schlaf, gönnen, ihn nicht über die Maßen belasten und seine Energie nicht vergeuden, ihn nicht unnötigen Gefahren aussetzen; ferner das mentale und emotionale Gleichgewicht fördern. All dies betrifft sämtliche Menschen, nicht nur diejenigen, die sich dem göttlichen Ziel widmen. Mehr können wir für die Gesundheit, denke ich, auch aus spiritueller Sicht nicht tun, mehr liegt nicht in unserer Macht.

Als spirituell Suchende sollten wir uns jedoch ernsthaft darum bemühen, Krankheit und Leiden nicht partout aus

→ Auf das mentale und das emotionale Gleichgewicht gehe ich in der ganzen Buchreihe aus verschiedenen Blickwinkeln immer wieder ein.

unserem Leben ausschließen zu wollen, sondern zu akzeptieren, dass sie dazu gehören und einen Sinn haben.

* * *

Ist es allgemein so, wie wir es mitunter erleben, dass Wehwehchen und Symptome umso schneller verschwinden, je weniger wir sie beachten?

Es ist eine weit verbreitete Erfahrung, dass wir Symptomen, seien es Erkrankungen, Neid, Traurigkeit, Wut oder andere, mehr Kraft verleihen, je mehr wir uns ihnen zuwenden, also die mentale und/oder emotionale Energie darauf ausrichten. Versuchen wir, sie zu bekämpfen, üben wir einen Druck aus, der einen ebenso starken Gegendruck erzeugt. Auch bei Erkrankungen gilt die Regel: Konzentrieren wir uns nicht auf den Schatten, sondern auf das Licht – nicht auf die Krankheit, sondern auf die Gesundheit. Konkret bedeutet es, dass wir Kopfschmerzen nicht wegwünschen („Sie sollen endlich aufhören!"), sondern uns dem Zustand *frei von Schmerz* zuwenden („Mein Kopf ist leicht, die Muskeln entspannt, das Blut fließt ungehindert ins Gehirn, ...").

Bei Erkrankungen, die von fremden, nicht zu unserem Körper gehörenden Lebewesen verursacht werden, wie Viren, Bakterien, Pilzen und anderen Erregern, kann auch eine Imagination hilfreich sein, in der wir uns vorstellen, wie sie unseren Körper verlassen. Allerdings besteht auch bei diesen Erkrankungen das beste Mittel im Vertrauen in das Göttliche und einem demütigen Gebet: „Mein Gott (oder Höhere Macht, Göttliches, göttliche Mutter oder wie man es selbst bezeichnet), bitte hilf mir bei dieser Erkrankung. Lass mich daraus lernen, was ich lernen soll, und nimm sie von mir, wenn es dein Wille ist, oder gib mir die Kraft, sie anzunehmen und auszuhalten."

* * *

Was können wir konkret tun, falls uns trotz eines gesunden Urvertrauens manchmal die Angst vor schweren Erkrankungen überfällt?

Wir tun das, was wir gegen jede Ausprägung der Angst tun können. Besonders wichtig sind bei der Angst vor Krankheit zwei Punkte: 1. Ihr auf den Grund gehen: Was steckt genau dahinter? Ist es die Angst vor körperlichen Schmerzen? Die Angst vor dem Tod oder vor der Ungewissheit, was auf den physischen Tod folgt? Die Angst, jemandem zur Last zu fallen oder von Mitmenschen abhängig zu werden? Haben wir das herausgefunden, arbeiten wir zielgerichtet daran. Wie auch immer: Jede Angst ist Angst vor dem Leiden, in irgendeiner Form. Und am Ende werden wir hier ansetzen müssen, also am Urvertrauen, dass uns gar nichts geschehen kann, was nicht gut für uns ist, und wir nichts vermeiden können, was das Göttliche für uns vorsieht. Wozu uns also der Angst hingeben?

2. Wie ich in Band II im Kapitel über die Angst erläutert habe: Können wir etwas nicht *ohne* Angst tun, dann tun wir es *mit* Angst. Aber wir tun es! Konkret auf die Angst vor Krankheit bezogen bedeutet es, ihre Anwesenheit zwar zur Kenntnis zu nehmen, aber uns von ihr nicht tyrannisieren zu lassen; wir akzeptieren ihr Vorhandensein, lassen sie aber nicht gewähren. Befürchten wir also beispielsweise, bei einem hartnäckigen Husten könnte es sich um Tuberkulose handeln, so entscheiden wir uns entweder dafür, ohne Aufschub einen Arzt aufzusuchen und uns Klarheit zu verschaffen, uns der Angst folglich zu stellen, oder aber dafür, nichts zu unternehmen, die Angst zu akzeptieren und nicht länger zu beachten. Keinesfalls erlauben wir hingegen den Gedanken, sich nur noch in diesem unseligen Kreise zu drehen und das Schlimmste auszumalen.

→ Vergleiche Kapitel 1 in Band II; Info siehe Seite 234

*   *   *

Sind wir selbst krank, können wir vielleicht noch damit umgehen und es akzeptieren. Aber wie finden wir bei ernsten Erkrankungen unserer Lieben den nötigen Abstand, um mitzufühlen und beizustehen, ohne mitzuleiden?
Im Grunde genommen ist die Problematik die gleiche, ob wir selbst leiden oder zusehen müssen, wie ein geliebter Mensch leidet. Habe *ich* Schmerzen, tut es *mir* weh. Hat ein

anderer Schmerzen und ich muss es miterleben, tut es wiederum auch *mir* weh. Ersteres ist körperliches Leiden, letzteres psychisches – aber es ist immer Leiden. Deshalb ist auch die Art, damit umzugehen, in beiden Fällen die gleiche: zuerst akzeptieren, dass es da ist, dann lernen, es auszuhalten. Mehr kann ich dazu einfach nicht sagen! Es gibt keine Wundermittel oder Tricks gegen das Leiden und gegen die Angst davor, außer unsere innere Wandlung bis zu dem Punkt, an dem nichts mehr schmerzt und wir uns vor nichts mehr fürchten.

* * *

Welche Lebenslektion gilt es zu lernen, wenn wir nicht unerwartet sterben, sondern eine tödliche Diagnose bekommen, die uns noch eine gewisse Lebenszeit ermöglicht?
Ich erzähle dazu eine persönliche Erfahrung, die aufzeigt, wie eine solche Lebensphase nicht nur für den Betroffenen selbst, sondern auch für seine Lieben eine große Bedeutung hat.

„Es gibt einen Raum, der sich abgrenzt vom alltäglichen Raum und sich hinzieht zum ewigen Raum. Es ist der heilige Raum. Er wird genährt vom natürlichen Alltag und das Göttliche gibt ihm Licht. Er öffnet sich dem, der loslässt und mit freien Händen lebt oder stirbt oder im Odem haucht – ich bin bereit." Dies sind die Worte von Lukas, eines Mannes, der mit knapp 50 Jahren die Diagnose „unheilbar" bekam mit einer geschätzten Lebenserwartung von rund einem Jahr. Er schrieb diese wenigen Zeilen nach seiner Rückkehr vom Jakobsweg.

→ Name geändert

Ich lernte ihn etwa zwei Wochen nach der Diagnose kennen, wir verliebten uns ineinander und wir verbrachten das ihm verbleibende Jahr zusammen. Es war die intensivste Zeit meines Lebens, ich kam mir oft vor wie mitgerissen von einem wilden Fluss, herumgewirbelt in seinen Strudeln, durch Stromschnellen an Felsen geschleudert; die Ruhepausen auf den Sandbänken waren jeweils nur kurz.

Als ich Lukas begegnete, war ich davon überzeugt, es handle sich um eine neue Chance, einen geliebten Menschen in den Tod zu begleiten, nachdem ich diese Aufgabe

Jahre zuvor bei meinem Lebenspartner nicht gut bewältigt hatte. Ich täuschte mich: Ich begleitete Lukas ins Leben. Zwar wurde er nicht durch ein Wunder von der Krankheit geheilt, obwohl ich es mir sehnlichst wünschte und manchmal sogar darum betete und immer mit ihm litt, wenn der Gedanke an den nahen Tod ihn wieder einmal in all seiner Düsternis überfiel und Verzweiflung über ihn brachte.

Bei seinem Schritt ins Leben ging es nicht um das körperliche, sondern um das seelische Heil, um die innere Gesundheit. Bewundernswert, wie weit er in der kurzen ihm verbliebenen Zeit voranschritt auf dem Weg, sich von seiner Lebensangst zu befreien. Diese Aufgabe ist im Angesicht des Todes nicht etwa leichter, wie man denken könnte, sondern schwerer, und es ist alles andere als selbstverständlich, sie überhaupt in Angriff zu nehmen. Es braucht dann sogar noch mehr Mut und schmerzliche Selbsterkenntnis, härtere Arbeit am eigenen Selbstwertgefühl... und ein großes Urvertrauen, darin noch einen Sinn zu sehen.

Wir redeten viel miteinander, stunden-, tage- und nächtelang. Obwohl er schon vorher kein Atheist gewesen war, sog er meinen tiefen Glauben und mein Urvertrauen auf, erkannte, wie auch sein Schicksal den Sinn hatte, etwas daraus zu lernen – und war es nicht mehr für dieses nun sehr begrenzte Leben, dann für das nächste, wo auch immer es stattfinden würde. Lukas löste sich von vielen Abhängigkeiten und Zwängen, verlor sogar die Angst, die Liebe seines dominanten Vaters zu verlieren, genügte er dessen hohen Ansprüchen nicht, unter denen er seit der Kindheit stets gelitten hatte.

Wir lachten viel zusammen, unternahmen Reisen, unter anderem den Jakobsweg (mit dem Auto, um zu marschieren reichte seine Kraft nicht mehr), bis nach Finisterre, dem westlichsten Punkt Europas, dem „Ende der Welt" – welch starkes Symbol! Er entdeckte eine neue Lebensfreude, die er davor nicht gekannt hatte. „Ich war in meinem ganzen Leben noch nie so glücklich", sagte er jeweils in besonders berührenden Augenblicken. Natürlich kam bei ihm oft auch Traurigkeit auf, gerade jetzt aus diesem Leben scheiden zu müssen, jetzt, da sich so vieles in ihm zum Besseren veränderte.

Als er diese Welt dann verließ, war ich nicht bei ihm – das Schicksal wollte es so und bestätigte mir noch einmal deutlich, dass ich ihm nicht begegnet war, um sein Sterben zu begleiten, sondern um ihm eine neue Sicht des Lebens aufzutun, ihm einen neuen Horizont, einen Funken Licht zu schenken. So ging Lukas innerhalb eines einzigen Jahres zwei Mal über die Brücke: Zuerst von einem Scheinleben in ein echteres Sein und von hier dann ins Licht.

* * *

Haben schwere, unheilbare oder gar lebensbedrohliche Erkrankungen bei jungen Menschen eine besondere Bedeutung?
Ich kann dazu keine allgemeingültige Antwort geben. Doch scheint mir plausibel, was einige spirituelle Therapeuten mir erklärten: Von solchen Erkrankungen würden junge Menschen, die nicht ihr wahres Selbst leben, heimgesucht. Es sollen diejenigen sein, die eine spirituelle Berufung haben, diese auch mehr oder weniger deutlich wahrnehmen und erkennen, sich ihr jedoch verweigern. Oft geschieht es aus Angst, als Außenseiter zu gelten, sogar von Freunden nicht verstanden und verstoßen zu werden. Ein anderer Grund liegt im hohen Leistungsdruck und in der Vergnügungssucht unserer Gesellschaft: Die jungen Menschen beugen sich dem Diktat ihrer Umwelt und ihres Ego, nicht zuletzt weil sie verunsichert sind, wie sie denn leben sollen, und in ihrem Umfeld keine Vorbilder und Berater finden, die ihnen einen anderen Weg weisen könnten als den gängigen, allgemein praktizierten und sanktionierten.
Die Erkrankungen, die sie dann befallen, sind oft solche, die es ihnen verunmöglichen, so zu leben wie ihre Altersgenossen und sie zwingen, einen anderen Weg zu suchen und einzuschlagen. Zweifellos führt das Göttliche sie im richtigen Moment an die richtigen Menschen heran, die ihnen auf ihrem neuen Weg weiterhelfen.

WEISHEITEN

Fast vierzig Jahre lang glaubte ich es, wenn man mir sagte, ich hätte eine schwache Konstitution; ich litt ständig an kleineren und größeren Beschwerden und hielt diesen Fluch fälschlicherweise für eine mir von der Natur auferlegte Bürde. Als ich dann auf die Hilfe von Medikamenten verzichtete, begannen die Leiden mich zu verlassen wie enttäuschte Parasiten. Erst da verstand ich, welch mächtige Kraft die natürliche Gesundheit in mir darstellt und um wie viel stärker noch, jenseits des Geistes, der Wille und das Vertrauen sind, die Gott uns als seine Unterstützung für unser Leben in diesem Körper mitgegeben hat.
Sri Aurobindo

Die Wahrheit ist, dass Gott die Kraft ist. Er ist das Wesen des Lebens. Er ist die reine und unbefleckte Erkenntnis. Er ist ewig. Und doch – seltsam genug – sind nicht alle fähig, irgendwelches Heil aus dieser allesdurchdringenden Lebenskraft zu schöpfen oder in ihr zu wohnen.
Mahatma Gandhi

Es gibt einen Augenblick, in dem wir akzeptieren, krank zu sein. Akzeptierten wir es nicht, krank zu sein, wären wir nicht krank. Nur sind sich die Menschen ihrer selbst und ihrer inneren Regungen so wenig bewusst, dass sie nicht einmal wahrnehmen, was sie tun.
The Mother

Krankheit wird unnötigerweise verlängert und endet öfter mit dem Tod als tatsächlich unvermeidbar, weil der Geist des Patienten die Krankheit des Körpers unterstützt und darin verweilt.
Sri Aurobindo

Und siehe, eine Frau, die zwölf Jahre blutflüssig war, trat von hinten herzu und rührte den Saum seines [Jesu] Kleides an. Denn sie sagte bei sich selbst: „Wenn ich nur sein Kleid anrühre, so bin ich gerettet!" Jesus wandte sich um, sah sie und sprach: „Sei getrost, meine Tochter, dein Glaube hat dir geholfen!"
Und das Weib war gerettet von jener Stunde an.
Matthäus 9,20 ff.

✧ Krankheit ist das Fehlen von Gesundheit; in diesem Sinne gibt es zwar verschiedene Symptome, aber nur *die* Krankheit, ebenso wie es nur *die* Gesundheit gibt.

✧ Krankheit betrifft nur mein Ego, die Seele ist ewig und unverwundbar. Heil, also ganz, bin ich, wenn alle meine Elemente sich im Gleichgewicht und im Einklang mit der Seele befinden.

✧ Krankheit hat den Sinn, mich zu lehren oder einen Entwicklungsschritt auf der mentalen und vitalen Ebene auch auf der körperlichen zu vollziehen. Die vertiefte Deutung der jeweiligen Symptome hilft mir, die Lektion oder das innere Wachstum zu verstehen.

✧ Ich kann Erkrankungen und Unfälle vermeiden, indem ich stets wachsam bin, in der Gegenwart lebe und den Augenblick, in dem eine Erkrankung in meinen Körper eintreten oder der Unfall sich ereignen will, nutzen, um diese abzuwenden.

✧ Der Angst vor Krankheit sollte ich mich stellen: sie einerseits annehmen, wie jede andere Angst auch, mich aber von ihr nicht behindern lassen und stets handeln, als wäre sie nicht vorhanden.

✧ Fällt es mir schwer, eine Erkrankung dem Göttlichen zu übergeben und für die Genesung auf das Göttliche zu vertrauen?

✧ Versuche ich immer, Krankheitssymptome sofort zu bekämpfen und zu beseitigen, ohne sie zu deuten und daraus zu lernen?

✧ Lehne ich Medikamente und Behandlungen strikte ab, ohne mir bewusst zu sein, dass ich dem Körper manchmal eine Hilfe zur Genesung anbieten sollte?

✧ Beachte ich meine kleinen Wehwehchen zu sehr und verleihe ihnen dadurch Macht?

Entwicklungsziel

Ich erkenne die Krankheit als einen wichtigen Wegweiser, zugleich auch als Unterstützung bei Entwicklungsschritten, und bin wachsam für die auftretenden Symptome.
Ich lerne an den kleinen Alltagswehwehchen, mit dem Schmerz umzugehen und ihn aufzuheben, damit es mir dann bei stärkeren Schmerzen auch gelingen kann.

→ Bitte beachte „Tipps zum Umgang mit der Sonnwandeln-Reihe" auf Seite 17

Aufgabe A: Die Krankheit verstehen

Bin ich derzeit krank oder befällt mich künftig eine Erkrankung, versuche ich zu verstehen, was sie mir sagen will.

• Ich analysiere die Symptome (eventuell mithilfe des empfehlenswerten Buches von Dr. Rüdiger Dahlke: „Krankheit als Symbol"), indem ich die Symbolik des betroffenen Körperteils oder der Symptome betrachte; habe ich verstanden, worin meine Schwierigkeiten liegen, arbeite ich an mir, um sie zu überwinden. Beispiele:

– Magen/Darm als Verdauungsorgane: Was habe ich nicht verdaut oder was sollte ich nicht verdauen und warum?

– Hände, sie dienen dazu, etwas zu halten oder zu ergreifen: Was habe ich losgelassen, was habe ich festgehalten, was habe ich nicht gepackt und warum?

– Atemwege: Was verschlägt mir den Atem und warum?

• Ich frage mich, *wohin* mich diese Erkrankung treibt. Beispiel: Wegen einer Nackenverspannung muss ich schwimmen gehen oder zu einem bestimmten Therapeuten.

Oder wovon mich diese Erkrankung *abhalten* will. Beispiel: Wegen der Grippe kann ich nicht zu einer Party gehen oder eine geplante Reise fällt aus.

Ich versuche dabei zu verstehen, *warum* ich an einen bestimmten Ort oder zu bestimmten Menschen soll oder nicht.

• Ich ziehe auch in Erwägung, dass die Erkrankung keine weitere Bedeutung haben könnte, als auf der körperlichen Ebene einen Entwicklungsschritt zu vollziehen, den ich auf den anderen Ebenen (der vitalen, mentalen oder spirituellen) bereits gemacht habe.

Aufgabe B: Den Schmerz beseitigen

An kleinen Alltagswehwehchen übe ich, mit dem Schmerz umzugehen. Beispiele: Ich schneide mir in den Finger, ich schlage an einer harten Kante an; bei Kopf- oder Zahnschmerzen, Menstruationsbeschwerden und Ähnlichen.

Wichtig: Der Schmerz ist ein Alarmzeichen des Körpers und nötig, damit wir merken, dass etwas nicht stimmt; deshalb dürfen wir nur Schmerzen, deren Ursache uns bekannt ist, auf die nachfolgend beschriebene Weise beseitigen.

• Ich lege meine Aufmerksamkeit in die schmerzende Körperstelle und bringe durch Konzentration eine Art Unbewegtheit dahin, wie wenn beispielsweise ein Fuß einschläft; ich kann mir auch bildlich vorstellen, wie der vibrierende Nerv, der den Schmerz in das Gehirn überträgt, aufhört zu vibrieren und ganz regungslos ist. Diese unbewegte Ruhe halte ich so lange wie möglich an der betreffenden Stelle, bis der Schmerz nachgelassen hat.

• Ist die Ursache des Schmerzes eine Erkrankung oder Verletzung, bringe ich, nachdem ich den Schmerz wie oben beschrieben beseitigt habe, in den befallenen Körperteil zusätzlich die Heilkraft in Form von Licht oder Frieden (ähnlich wie bei der Meditation).

AFFIRMATIONEN

→ Bitte beachte
die detaillierte
Anleitung
auf Seite 220

ICH ÜBERGEBE DIE KRANKHEIT DEM GÖTTLICHEN.

ICH LASSE ALTE KRANKHEITSGEWOHNHEITEN LOS.

ICH BIN OFFEN FÜR DIE UNIVERSELLE HEILENERGIE.

MEINE ZUKUNFT IST VOLLER LICHT UND HEIL.

ICH LASSE ALLES LOS, WAS MICH KRANK MACHT.

ICH HALTE MEINE GEDANKEN AUF MEIN HEIL GERICHTET.

ICH ÖFFNE MICH DER HEILUNG, LASSE SIE IN MICH STRÖMEN.

ICH VERTRAUE AUF DIE HEILKRAFT MEINES KÖRPERS.

ICH HABE DEN MUT, JEDE SITUATION ANZUGEHEN.

MEINE ZUFRIEDENHEIT LIEGT IN MIR, SIE IST IMMER DA.

ICH GEHE MEINEN WEG MIT MUT UND VERTRAUEN.

ICH NEHME JEDE SITUATION DANKBAR AN UND MACHE DAS BESTE DARAUS.

ICH FÜHLE DIE HARMONIE UND HEILKRAFT IN MIR.

ALLES IN MIR UND UM MICH WIRKT ZU MEINEM HEIL.

ICH HALTE DURCH, ICH WERDE ES SCHAFFEN.

MEDITATION

Erinnern wir uns an die drei Teile des Ego: Mentales, Vitales und Körperliches. Jedes Element hat ein eigenes Bewusstsein, also auch der Körper. Er weiß genau, was ihm guttut und was nicht. Wäre nur sein Bewusstsein aktiv, würden wir nie essen, wenn wir nicht hungrig sind; dieser Drang, eine Lust zu befriedigen, stammt aus dem Vitalen. Sind wir krank, könnte das Körperbewusstsein die Störung beheben, pfuschten nicht das Mentale mit seinen vorgefassten Vorstellungen und Prinzipien und das Vitale mit seinen Ängsten in den sicheren Instinkt des Körpers hinein. Deshalb müssen wir lernen, unser Körperbewusstsein wahrzunehmen und, bei Bedarf, das mentale und das vitale Bewusstsein zum Schweigen zu bringen. Die nachfolgende Meditation ist eine Übung dazu. Die Wahrnehmung des Körpers lässt sich nur schwer in Worten beschreiben; versuche einfach, dich deinen eigenen Empfindungen hinzugeben und dich zu spüren.

→ Siehe Seiten 24ff.

• Ich schließe die Augen und werde innerlich still, indem ich mich auf meinen Atem konzentriere, wie auf Seite 222 beschrieben. Mit aufkommenden Gedanken gehe ich um wie auf Seite 223 beschrieben. Bei dieser Übung verbleibe ich, bis ich innerlich ruhig bin und die Gedanken einigermaßen schweigen.

• Ich spüre meinen Körper, gewissermaßen von innen, lasse mich ganz in mich fallen, ohne meine Aufmerksamkeit auf eine bestimmte Stelle zu richten. Ich bin ganz Körper, keine Gedanken, keine Emotionen sind vorhanden.

• Ich fühle das Leben meines Körpers, empfinde es in jeder Zelle, ich spüre die gesunde Ausgeglichenheit und das Licht in den Zellen.

• Es gibt nichts mehr außer diesem Körperbewusstsein, ich lasse diese Empfindung zu und verweile darin (ohne Gedanken und Emotionen), es ist reines Sein.

• In dieser Übung verbleibe ich, solange mir wohl dabei ist. Wenn ich nicht mehr mag, atme ich tief in den Bauch, öffne die Augen, bleibe noch eine Weile regungslos, dann schaue ich um mich und bewege mich langsam.

→ Bitte beachte
die detaillierte
Anleitung auf
Seiten 224ff.

Haupt-Blüten

Seelenzustand	Nr.
Bei Erkrankungen bin ich schnell entmutigt.	12
Bei Erkrankungen und Beschwerden bin ich ungeduldig, wenn die Genesung nicht rasch eintritt.	18
Ich habe ein übertriebenes Reinlichkeitsbedürfnis und/oder will selbst leichte Erkrankungen um jeden Preis sofort loswerden.	10
Ich habe Angst zu erkranken.	20

Gewählte Blüten:

☐ ☐ ☐ ☐

Zusatz-Blüten

Seelenzustand	Nr.
Ich fühle mich innerlich erschöpft, eventuell nach längerer Krankheit oder Überbeanspruchung meiner Lebensenergie.	23
Mein Nervensystem ist schwach, ich gerate schnell in Panik.	26
Ich stehe in einer Wandlungsphase (Menopause, Schwangerschaft, …)	33
Ich leide an einer chronischen Erkrankung und habe resigniert, bin apathisch geworden.	37

Gewählte Blüten:

☐ ☐ ☐ ☐

EMPFOHLENER HEILSTEIN: CHRYSOKOLL

→ Bitte beachte
die detaillierte
Anleitung auf
Seite 227

Wirkung

Der Chrysokoll stärkt das Vertrauen in den eigenen Körper und vermittelt eine liebevolle Beziehung mit sich selbst. Er fördert Harmonie und Lebenskraft, zudem die Geduld. Seine beruhigende Eigenschaft wirkt sich positiv auf die Nerven aus und reduziert das Stressempfinden.

Anwendung

Tagsüber auf sich tragen, nachts unter das Kopfkissen legen.

Reinigen und Aufladen

Einmal im Monat unter fließendem lauwarmem Wasser reinigen; den Kontakt mit Seife und Parfüm vermeiden.

213

Nachdem du eine Weile – in der Regel mehrere Wochen – in deinem Alltag zum Thema dieses Kapitels an dir gearbeitet hast, blickst du kurz zurück und schaust, wo du stehst. Kreuze bei den untenstehenden Aussagen an, was auf dich zutrifft. Sei ehrlich zu dir selbst, ohne falsche Bescheidenheit und ohne Selbstvorwürfe oder Entmutigung – es ist nur eine Bestandesaufnahme, ohne Wertung, um zu erkennen, in welchem Bereich du dich noch bemühen kannst... damit du wirst, was du bereits bist.

Lernziele dieses Kapitels	Erreicht:	Ja	Nein
Ich bemühe mich jetzt jeweils, Krankheitssymptome nicht nur oberflächlich zu analysieren, sondern sie vertieft zu betrachten und zu verstehen.		☐	☐
Ich habe gelernt, meinem Körper mehr Sorge zu tragen und besser auf seine Bedürfnisse einzugehen.		☐	☐
Ich habe mich bemüht, achtsam zu sein, um eine Erkrankung wahrzunehmen, bevor sie meinen Körper befällt.		☐	☐
Mein Urvertrauen ist inzwischen stark genug, um eine Erkrankung bedingungslos anzunehmen und sie dem Göttlichen zu übergeben. Oder: Mit meiner Angst vor einer ernsthaften Erkrankung werde ich inzwischen recht gut fertig.		☐	☐
Mit einem chronischen Leiden habe ich mich versöhnt und kann es jetzt akzeptieren. Oder: Krankheitssymptome kann ich jetzt besser annehmen.		☐	☐
Ich habe verstanden / die Erfahrung gemacht, dass eine Erkrankung manchmal nur die Funktion erfüllt, das Gleichgewicht zwischen meinen verschiedenen Ebenen (mentale, vitale, körperliche) wieder herzustellen und einen Entwicklungsschritt abzuschließen.		☐	☐
Es gelingt mir zuweilen, einen Schmerz durch Konzentration zu beseitigen.		☐	☐

Mein weiterer Entwicklungsschritt

Notiere jetzt eine Einsicht/Herausforderung/Aufgabe, an der du arbeiten willst – aber nur eine!
Dann prägst du sie dir gut ein, bittest das Göttliche, dich dabei zu führen und dein Bemühen zu fördern, und lässt sie los. Du kannst nun mit dem nächsten Band der Buchreihe und dessen Aufgaben weiterfahren.

Den Entwicklungsschritt, den du hier aufgeschrieben hast, darfst du von Zeit zu Zeit nachlesen, gewissermaßen zur Erinnerung, aber beschäftige dich gedanklich nicht mehr damit. Den Impuls hast du nämlich gesetzt – überlass es dem Göttlichen, ihn so umzusetzen, wie es für dich gut ist.

....

....

....

....

....

....

....

....

....

....

....

....

....

....

....

....

Ein kurzes Schlusswort

Ich glaube, dieser Sonnwandeln-Band war der bisher anspruchsvollste, sowohl in Bezug auf die Theorie, als auch auf die Praxis der Übungsaufgaben und Meditationen zur Selbstveränderung. Mich selbst hat er in der Phase meiner Textüberarbeitung angeregt, verstärkt an der Anhaftung – oder besser gesagt am Loslassen – zu arbeiten. Und prompt hat mir das Göttliche mit Emils Tod eine konkrete Möglichkeit dafür geliefert. So kann ich dir zum Abschluss noch einmal aus tief empfundener und soeben wiedererlebter Überzeugung versichern: Die Anhaftung zu überwinden, ist wahrlich ein langer Prozess. In der Theorie kaum zu bewältigen. Seien wir also dankbar für jede Prüfung, die das Göttliche schickt, ist sie auch leidvoll; der Schmerz ist ja gerade der Maßstab, wie sehr wir noch an Menschen hängen. Und lassen wir uns niemals entmutigen, falls wir feststellen – oder es meinen –, keinen Schritt weitergekommen zu sein! Das trifft nie zu, mit jeder Erfahrung verändert sich etwas in uns, bleibt es vorerst auch unbemerkt.

Nun hast du schon das Ende des vierten Bandes der Sonnwandeln-Reihe erreicht, ein einziger bleibt. Im letzten geht es dann hauptsächlich nochmals intensiv um unser inneres Leben und ich wage einen Ausblick auf die Erleuchtung...

Ich wünsche dir Achtsamkeit, Vertrauen und Gleichmut auf deinem inneren Weg.

Anhang

Bei Affirmationen handelt es sich um eine Form der Autosuggestion; damit kannst du hinderliche Muster in deinem
Unbewussten durch neue Überzeugungen und Verhaltensweisen ersetzen (das lateinische Wort *affirmatio* bedeutet
Beteuerung, Versicherung).

• Wähle von den vorgeschlagenen Affirmationen jeweils
eine aus, die dich anspricht. Du darfst den Satz im Wortlaut
auch ändern, wenn andere Begriffe dir eher zusagen, oder
eigene Affirmationen formulieren. Beachte dabei unbedingt
zwei Grundregeln:

– Bilde keine verneinten Sätze (Sätze, in denen *nicht, nie,
kein* usw. vorkommen) und auch keine mit Begriffen negativer Bedeutung. Sag also nicht: „Ich habe keine Selbstzweifel mehr" oder „Meine Selbstzweifel verschwinden".
Sondern: „Ich bin selbstbewusst und selbstsicher". Negative
Begriffe erwecken nämlich eine negative Emotion in dir,
und das wirkt kontraproduktiv; Affirmationen sollen stets
schöne, beglückende Dinge aussagen.

– Die Affirmation muss den angestrebten Zustand in der
Gegenwart und als Tatsache ausdrücken (nicht in der Zukunft oder als Wunsch). Sag also nicht: „Ich werde/möchte
mich selbst lieben". Sondern: „Ich liebe mich selbst."

• Wiederhole am Abend unmittelbar vor dem Einschlafen
die Affirmation zehn- bis zwanzigmal, am besten halblaut,
damit sie auch über den Gehörsinn ins Unbewusste eingeht,
langsam und monoton wie eine Litanei. Wenn du magst,
fährst du in Gedanken damit fort, bis du einschläfst. Am
Morgen, gleich nach dem Aufwachen, tust du das Gleiche.

• Du kannst die Affirmation auch tagsüber überall und jederzeit rezitieren, etwa bei einem Spaziergang, beim Autofahren oder während des Kochens.

• Die gewählte Affirmation behältst du bei, solange du mit
den Aufgaben des jeweiligen Kapitels arbeitest. Mit jedem
neuen Kapitel und den entsprechenden Aufgaben, wählst
du eine dazu passende neue Affirmation.

ANLEITUNG ZU IMAGINATION UND MEDITATION

Imagination

Die Imaginationstechnik wurde von C.G. Jung in die Psychotherapie eingeführt und ist Bestandteil verschiedener, meist tiefenpsychologisch ausgerichteter Therapieformen. Imaginationen, wozu beispielsweise das autogene Training gehört, stellen eine Verbindung zwischen Bewusstsein und Unbewusstem her. Sie können aber auch genutzt werden, um mit der Seele in Kontakt zu kommen.

Indem wir uns Bilder zuerst ganz bewusst vorstellen, eine eigentliche Geschichte mittels unserer Vorstellungskraft beginnen und ihr dann in einer meditativen Ruhe freien Lauf lassen, tauchen mehr und mehr Bilder, Worte, Emotionen auf. Sie können uns helfen, neue Erkenntnisse zu finden, Blockaden zu lösen und angestrebte Selbstveränderungen positiv zu erfahren und zu fördern.

Lies jeweils die Anleitung zur Imagination zuerst ganz durch und präge dir den Grundablauf und die wesentlichen Punkte ein.

Wenn Du mit der Imagination beginnst, setzt du dich bequem hin und schließt die Augen. Du versetzt dich gedanklich, vor allem aber bildhaft, vor deinem geistigen Auge in die Situation der Imagination. Dann folgst du den Bildern, die aus deinem Innern aufsteigen; blocke diese nicht ab, beobachte, erlebe...

Lass dich ruhig vom Ablauf deiner eigenen Geschichte leiten, generell und besonders dann, wenn du dich nicht mehr an alle Einzelheiten erinnerst, die du dir vorher eingeprägt hast.

Beginnen die Bilder zu verblassen oder nehmen fremde Gedanken überhand, kommst du in die Realität und Gegenwart zurück. Lass dir dabei Zeit, spüre mit offenen oder geschlossenen Augen nach. Achte darauf, auch deinen Körper wieder zu empfinden, nimm bewusst deine Beine und Arme wahr, den Kontakt mit der Unterlage, und bewege deine Glieder sanft, bevor du aufstehst.

Du kannst jede Imagination so oft machen, wie du möchtest und spürst, dass sie dir guttut, täglich, wöchentlich, aber auch nur ein- oder zweimal.

Meditation

Im Gegensatz zur Imagination, die mit Bildern und Geschichten arbeitet, geht es bei der klassischen östlichen Meditation darum, innerlich still zu werden, also Gedanken, Gefühle, jede innere Regung loszulassen und so den Weg für die Wahrnehmung der eigenen Seele, für das göttliche Bewusstsein zu öffnen.

Um dieses Ziel zu erreichen, gibt es verschiedene Methoden. Eine davon besteht darin, den Atem zu beobachten. Damit habe ich persönlich die besten Erfahrungen gemacht, weshalb ich sie jeweils vorschlage.

Diese Methode dient auch dazu, uns auf eine Imagination vorzubereiten, oder für eine Kombination von Meditation und Imagination.

In den Kapiteln, in denen sie vorgesehen ist, beschreibe ich sie jeweils nur kurz. Deshalb gebe ich an dieser Stelle ausführlichere Hinweise dazu.

• *Den Atem beobachten.* Es geht darum, uns einzig auf diesen Vorgang zu konzentrieren, damit die Gedanken nicht umherschweifen. Wir können den Atem beobachten, indem wir auf das Heben und Senken des Brustkorbs achten oder darauf, wie die Luft in unsere Nase ein- und ausströmt.

Wenn wir jeweils fertig eingeatmet haben, vergeht ein winziger Augenblick, bevor wir ausatmen. Das Gleiche geschieht, wenn wir fertig ausgeatmet haben, bevor die Luft erneut in unsere Lunge strömt. In diesem Augenblick ruht jeweils der Atem. Darauf konzentrieren wir uns besonders. Wir bekommen dabei das Gefühl, als verlängere sich dieser Augenblick mit jedem Atemzug; es kann so weit kommen, dass wir aufschrecken, weil wir plötzlich denken, wir würden überhaupt nicht mehr atmen. Diese Schrecksekunde verschwindet mit der Übung, und wir gelangen tiefer und tiefer in die Versenkung.

• *Das Bewusstsein in die Mitte der Brust richten.* Gemeint ist die Stelle hinter dem Herzen, in der Mitte der Brust, in der Tiefe, nicht auf der Oberfläche. *Das Bewusstsein richten* – es ist schwierig, dies in Worten zu erklären. Obwohl wir uns, wie gesagt, auf den Atem konzentrieren, fokussieren wir das Bewusstsein, das wir normalerweise eher im Kopf empfinden, in der inneren Mitte der Brust (oder, bei anderen Meditationen, auf den Punkt zwischen den Augenbrauen). Es ist wie ein inneres Hinabsinken, ein Sichfallenlassen.

Besser kann ich es leider nicht erklären, die Sprache ist ein unvollkommenes Mittel, um spirituelle Erfahrungen zu beschreiben. Aber keine Sorge, wenn du es selbst praktizierst, wirst du bald spüren, was ich meine.

• *Gedanken und Empfindungen vorbeiziehen lassen.* Jeder, der schon einmal versucht hat zu meditieren, weiß, wie schnell und hartnäckig wir durch Gedanken davon abgelenkt werden. Die Meister der Meditation lehren verschiedene Techniken, damit umzugehen. Eine besteht darin, die Gedanken als ein *äußeres* Phänomen zu betrachten: Sie gehören nicht zu uns, sondern sind außerhalb von uns. Somit können wir sie, wenn sie auftauchen, kurz anschauen und dann vorbeiziehen lassen, wie Wolken am Himmel, und wieder zur Konzentration auf den Atem zurückkehren.

Empfinden wir die Gedanken hingegen als Teil von uns, also *in uns drinnen*, so weisen wir sie ruhig und bestimmt aus uns hinaus; wir können uns kurz bildlich vorstellen, wie sie aus uns hinausgehen und sich in der Ferne verlieren.

Du wirst bald deine eigene Methode finden, wie du deine Gedanken erfolgreich zur Ruhe bringst.

ANLEITUNG ZUR ANWENDUNG VON BACH-BLÜTEN

Wirkungsweise der Bach-Blüten

Die Bach-Blüten sind Essenzen, die bis heute nach den Anweisungen von Dr. Edward Bach (1886-1936) hergestellt werden. Ihre Wirkung beruht auf der Harmonisierung von Seelenzuständen (Angst, Kummer, Gleichgültigkeit, Unentschlossenheit, Mutlosigkeit usw.); dabei wird der negative Zustand mit der positiven Schwingung der entsprechenden Blütenessenz überlagert und ins Positive gewandelt (beispielsweise Verzagtheit in Mut, Unentschlossenheit in Entscheidungsfreude, Sorge in Urvertrauen usw.). Als einführende Lektüre empfehle ich dir die Bücher von Edward Bach.

Auswahl einer individuellen Bach-Blüten-Mischung

Die Original-Bach-Blüten sind einer allgemein angewandten Reihenfolge gemäß nummeriert (alphabetisch nach den englischen Namen); die Liste findest du auf Seite 226.

Die Auswahl der für dich geeigneten Mischung kannst du auf eine der folgenden Arten vornehmen:

• Aufgrund der Beschreibungen der Seelenzustände, die du in den Büchern von Dr. Bach und anderen Autoren findest, wählst du die Blüten aus, die auf deine momentane Situation zutreffen.

• Du ziehst blind Karten aus dem Bach-Blüten-Kartenset (im Handel erhältlich) und überlässt die Auswahl so deiner Inspiration.

• Ebenfalls intuitiv kannst du mit geschlossenen Augen nach den Essenzen-Fläschchen greifen.

• In diesem Buch habe ich in jedem Kapitel eine Auswahl der geeigneten Bach-Blüten für das Thema des jeweiligen Kapitels aufgeführt. Dabei gehst du wie folgt vor:

1. Wähle zuerst aus der Tabelle „Haupt-Blüten" die Aussagen, die auf dich zutreffen, und trage die entsprechenden Nummern in die Kästchen unter der Tabelle ein.

2. Dann kannst du in der Tabelle „Zusatz-Blüten" überprüfen, ob eine oder mehrere Aussagen auf dich ebenfalls zutreffen, und die entsprechenden Nummern wiederum in die

Kästchen unter dieser Tabelle eintragen. Insgesamt solltest du aus den beiden Tabellen zusammen nicht mehr als sechs Blüten wählen; es dürfen aber auch weniger sein.

Zubereitung der individuellen Bach-Blüten-Mischung

Du hast zwei Möglichkeiten:

• Deine individuelle Mischung aus den konzentrierten Essenzen selbst zubereiten. Diese Essenzen nach der Original-Rezeptur von Dr. Edward Bach erhältst du als komplettes Set oder als Einzelfläschchen in Apotheken, die Naturheilmittel verkaufen. Auch im Internet gibt es zahlreiche Anbieter, bei denen du diese Produkte bestellen kannst.

Für deine persönliche Mischung benötigst du eine 30-ml-Pipettenflasche (diese erhältst du ebenfalls in der Apotheke). In das Fläschchen füllst du zur Hälfte eine hochprozentige Spirituose, wie Cognac oder Whisky, und zur Hälfte Mineralwasser. Dann gibst du von den ausgewählten Essenzen je zwei Tropfen hinein.

• Du kannst dir deine gewünschte Mischung in einer Apotheke zubereiten lassen (dieses Angebot findest du auch im Internet).

Einnahme der Bach-Blüten-Mischung

Nimm 3- bis 4-mal täglich jeweils 4 bis 5 Tropfen deiner zubereiteten Bach-Blüten-Mischung, erstmals am Morgen gleich nach dem Aufstehen und letztmals am Abend vor dem Schlafengehen.

Träufle die Tropfen aus der Pipette auf deine Zunge und achte darauf, die Pipette nicht mit deinem Mund in Berührung zu bringen.

Liste der Bach-Blüten

Nr.	Englische Bezeichnung	Deutsche Bezeichnung
1	Agrimony	Gemeiner Odermennig
2	Aspen	Espe (Zitterpappel)
3	Beech	Rotbuche
4	Centaury	Tausendgüldenkraut
5	Cerato	Bleiwurz
6	Cherry Plum	Kirschpflaume
7	Chestnut Bud	Knospe der Rosskastanie
8	Chicory	Wegwarte
9	Clematis	Gewöhnliche Waldrebe
10	Crab Apple	Holzapfel
11	Elm	Englische Ulme
12	Gentian	Herbstenzian
13	Gorse	Stechginster
14	Heather	Schottisches Heidekraut
15	Holly	Europäische Stechpalme
16	Honeysuckle	Geißblatt
17	Hornbeam	Hainbuche
18	Impatiens	Springkraut
19	Larch	Europäische Lärche
20	Mimulus	Gefleckte Gauklerblume
21	Mustard	Ackersenf
22	Oak	Eiche
23	Olive	Olivenbaum
24	Pine	Schottische Kiefer
25	Red Chestnut	Rote Kastanie
26	Rock Rose	Gelbes Sonnenröschen
27	Rock Water	Fels-Quellwasser
28	Scleranthus	Einjähriger Knäuel
29	Star of Bethlehem	Dolden-Milchstern
30	Sweet Chestnut	Edelkastanie
31	Vervain	Eisenkraut
32	Vine	Weinrebe
33	Walnut	Walnussbaum
34	Water Violet	Wasserfeder
35	White Chestnut	Weiße Rosskastanie
36	Wild Oat	Waldtrespe
37	Wild Rose	Heckenrose
38	Willow	Gelbe Weide

ANLEITUNG ZUR VERWENDUNG VON HEILSTEINEN

Ich will vorausschicken, dass ich mich mit Heilsteinen nicht auskenne. Die Empfehlungen in diesem Buch verdanke ich Kollegen, die sich damit beruflich beschäftigen. Aber ich finde Steine schön und verwende sie selber immer wieder – und spüre, dass sie mir guttun.

Wirkungsweise der Heilsteine

Seit Tausenden von Jahren werden Steine für die Heilung verwendet, im alten Indien ebenso wie im mittleren Osten und bei den Indianern Nordamerikas; zu uns ist das Wissen wohl über die Griechen gelangt und vor allem durch die heilige Hildegard von Bingen (1098-1179).

Die Wirkung von Heilsteinen wird, wie so manche alternative Therapiemethode, von der Schulmedizin nicht anerkannt, weil sie nicht wissenschaftlich bewiesen ist. Ohne an dieser Stelle auf eine Diskussion über Krankheit und Heilung einzugehen, nur ein Denkanstoß: Liest man medizinische Studien über Medikamente der Pharmaindustrie, so staunt man nicht schlecht über die hohe Wirksamkeit der Placebos (Scheinmedikamente); nicht selten wirkt ein Placebo bei über 50 Prozent der Testpersonen ebenso gut wie das richtige Medikament, sogar wenn die Patienten wissen, dass es sich nur um ein Placebo handelt!

Die Wirkung von Heilsteinen beruht im Wesentlichen auf deren Schwingung: Die unterschiedliche Zusammensetzung der Atome und Struktur der Kristallgitter, aber auch die Form und die Farbe, verleihen jedem Stein seine besonderen Eigenschaften, die von ihm ausstrahlen und vom Menschen aufgenommen werden. Welcher Stein für welchen Seelenzustand/welche Erkrankung geeignet ist, beruht auf jahrtausendealtem intuitivem und empirischem Wissen.

Wie die Bach-Blüten, wirken auch die Heilsteine auf der energetischen Ebene, indem sie vor allem die Meridiane, die Chakren und die Aura beeinflussen: Die aufgenommene Schwingung überlagert eine ähnliche in uns vorhandene Schwingung, verändert dadurch Emotionen, Gedanken und Verhaltensweisen und damit auch körperliche Symptome.

→ Chakra: siehe Glossar Seite 229

Anwendung von Heilsteinen

Die gebräuchlichste Art, die Schwingung des Heilsteins aufzunehmen, ist das Tragen auf dem Körper, beispielsweise in der Hosentasche oder in Form eines Anhängers. Nachts kannst du den Stein auch unter das Kopfkissen oder auf das Nachttischchen legen.

Große Steine wie Rosenquarz und Amethyst stellst du im Raum auf (beispielsweise in der Nähe des Computers, um dessen Strahlung zu neutralisieren). Du kannst Heilsteine auch in frisches Wasser legen und dieses dann trinken.

Pflege von Heilsteinen

So wie wir die Schwingung des Steins aufnehmen, lädt sich der Stein mit den Energien seiner Umgebung auf. Davon muss er von Zeit zu Zeit befreit (entladen) werden; seine eigene Schwingung verliert der Stein nie, doch Sonnenlicht oder Kristallgruppen können seine Kraft verstärken (ihn aufladen).

Die Reinigung und das Aufladen der Heilsteine ist eine ebenso viel diskutierte Wissenschaft wie die Wirkungsweise selbst und es gibt im Grunde genommen für jeden Stein besondere Empfehlungen.

Als allgemeine Regel gilt: Die meisten Heilsteine kannst du unter fließendem Wasser reinigen und entladen und an der Sonne oder in einer Kristallgruppe aufladen (es gibt allerdings Steine, die kein Sonnenlicht vertragen).

Bei den Heilstein-Empfehlungen in diesem Buch habe ich jeweils auch angegeben, wie man den betreffenden Stein am besten verwendet und reinigt.

GLOSSAR

Ich beschränke mich auf kurze Erläuterungen zum Verständnis der Texte dieses Buches. Im Zeitalter des Internets kannst du ja alles mühelos vertiefen, falls du ein besonderes Interesse an einem Begriff hast.

Ajna *(Sanskrit) = Befehl(szentrum)*
Das Ajna-Chakra, auch als Drittes Auge bezeichnet, ist das sechste, das zweithöchste → *Chakra; es befindet sich zwischen den Augenbrauen, aber etwas höher. Es steht für den dynamischen Geist, für Wille und Vision. Ist dieses Chakra offen, so bedeutet es nicht nur die Öffnung des höheren Willens, sondern auch das Erlangen einer inneren, okkulten Sicht, die es uns ermöglicht, Menschen und Dinge gewissermaßen „von innen" zu sehen und zu verstehen.*

Ashram *(auch: Aschram) (Sanskrit) = Ort der Anstrengung*
Eine spirituelle Anlage in Indien, einem Kloster vergleichbar, in der jeweils ein Guru seine Anhänger zusammenschart. Die Jünger leben in der Regel im Ashram und folgen den Belehrungen des Meisters, meditieren, beten und führen weitere spirituelle Praktiken aus.

Bhagavadgita *(auch: Bhagavad Gita) (Sanskrit) = Gesang des Erhabenen*
Ein im 1. oder 2. vorchristlichen Jahrhundert verfasster spiritueller Text aus Indien; es ist der populärste heilige Text im → *Hinduismus und wurde in unzählige (auch westliche) Sprachen übersetzt. Viele Kapitel der Bhagavadgita befassen sich mit den Situationen und den Problemen des konkreten Lebens. Ich empfehle die Übersetzung von Sri Aurobindo.*

Brahman *(Sanskrit)*
Das eine, absolute, transzendente Göttliche im → *Hinduismus. Nicht zu verwechseln mit Brahma, einem Gott unter anderen.*

Chakra *(Sanskrit = Rad, Scheibe, Kreis, Kreislauf und verwandte Begriffe)*
Die Chakren, im Hinduismus, Buddhismus und der westlichen Esoterik geläufig, sind Zentren von Bewusstsein und subtiler Lebensenergie. Sie sind die Verbindungspunkte zwischen dem physischen und dem feinstofflichen Körper. Man spricht meistens von sieben Hauptchakren und einer Vielzahl von kleineren Nebenchakren. Die sieben Hauptchakren liegen entlang der feinstofflichen Wirbelsäule (Sushumna) und sind über Nadis (elektrische Leitungen) miteinander verbunden.

Dualität *(aus dem Lateinischen = Zweiheit, zwei enthaltend)*
Dualität bezeichnet erst einmal die Zweiheit der materiellen Welt mit der Polarität von gut/böse, heiß/kalt, männlich/weiblich usw. In spirituellem Sinn bezieht sich die Zweiheit auf die Unterteilung in einen Gott und seine Schöpfung, wie das Christentum, das Judentum und der Islam sie kennen. Monistische Lehren hingegen, etwa der Advaita Vedanta, einer Richtung innerhalb des → *Hinduismus, lehnen das Konzept dieser Dualität Gott/Schöpfung ab und bezeichnen sie als Illusion* → *Maya. Es gibt nur Eines, das* → *Göttliche, und die Aufgabe des Menschen in seiner irdischen Existenz besteht darin, diese Illusion zu überwinden und die Einheit mit dem Göttlichen zu erkennen.*

Ego *(Latein) = Ich*
In der Spiritualität als das „niedrige" Ich verstanden, im Gegensatz zum höheren Selbst oder der Seele. Das Ego besteht nach der Lehre von Sri Aurobindo, dem großen indischen Mystiker und Philosophen, aus drei Elementen: Körperliches, → Vitales, → Mentales. Da ich dieses Konzept in Band IV der Sonnwandeln-Reihe detailliert erläutere, gehe ich im Glossar nicht näher darauf ein.

Egoisch
Egoisch ist das Adjektiv zu → Ego, mit der Bedeutung von „zum Ego gehörend", ohne die negative Wertung, die in „egoistisch" (Adjektiv zu Egoismus) steckt. So ist eine egoische Eigenschaft nicht zwangsläufig egoistisch – dennoch für unsere spirituelle Entwicklung und unsere Zufriedenheit nicht förderlich, weil das Ego auf kurzfristigen Genuss ausgerichtet ist, keine Rücksicht auf das innere Wachstum nimmt und oft auch nicht auf die längerfristigen Folgen.

Garten Eden *(Hebräisch: Gan Eden)*
Der Garten Eden ist der biblischen Schöpfungsgeschichte gemäß (Genesis 2,8 ff.) der Ort, an dem die beiden ersten Menschen, von Gott erschaffen, lebten (in der griechischen Übersetzung: Paradeisos).

Das Göttliche
Der Begriff „Gott" hat bei uns oft einen kirchlichen Beigeschmack und viele Menschen verbinden damit einen willkürlichen, strafenden Gott und Lehren von Sünde und Hölle usw. Deshalb verwende ich ausschließlich den Begriff „das Göttliche" (im Englischen oft als THE DIVINE *bezeichnet). Darunter verstehe ich die höhere Macht, das Absolute, der Erhabene, die Wahrheit. Im Hinduismus heißt diese höchste Instanz → Brahman, nicht zu verwechseln mit Brahma, einer Gottheit unter vielen. Selbstverständlich soll jeder Leser in Gedanken den Begriff verwenden, der für ihn stimmt: Gott, höhere Macht, Allah, Brahman, ...*

Guna *(Sanskrit) = Eigenschaft, Charakter, Eigenheit*
Die drei Gunas sind die Wirkprinzipien der → Prakriti

Hinduismus
Vor allem in Indien verbreitete Religion, die in ihrer philosophischen Ausprägung monotheistisch ist. Die vielen Gottheiten sind nur Emanationen oder Aspekte des einen Gottes, die in der Volksreligion verehrt und angebetet werden. Wie bei allen Religionen gibt es auch im Hinduismus verschiedene Richtungen, Schulen und Dogmen.

Höheres Selbst
Es wird manchmal synonym für → Seele oder Geist verwendet; ich lehne mich an die hinduistische Philosophie an und unterscheide zwischen Seele und höherem Selbst. Das höhere Selbst ist das unveränderliche → Göttliche in uns, wir können auch sagen: Das höhere Selbst ist das transzendente Göttliche. Die Seele ist der göttliche Kern in uns, der an der Evolution teilnimmt (auch durch die verschiedenen Reinkarnationen) und die Wiedervereinigung mit dem Göttlichen anstrebt.

Innere Stimme
Die Innere Stimme ist die Stimme unserer → Seele, die uns den Weg zum → Göttlichen weist (ich schreibe den Begriff jeweils mit großen Anfangsbuchstaben, um ihre Einzigartigkeit als Stimme der Seele zu betonen und vor allem um sie von anderen Stimmen in uns zu unterschei-

den). Sie äußert sich meistens nur sehr leise und wird leicht mit den Stimmen des Ego verwechselt. Die Innere Stimme vernehmen wir oft in der Form eines leichten Unbehagens, wenn wir im Begriff sind etwas zu tun, was unserem spirituellen Weg zuwiderläuft; es ist jedoch meistens nur eine sehr kurze Wahrnehmung, und wenn wir nicht sofort darauf hören, verstummt sie. Ausführlicheres über die Innere Stimme steht in Kapitel 6 von Band I sowie in meinem Buch über Karma Yoga.

Jiva, Jivatman *(Sanskrit) = lebendes Wesen, individualisierte → Seele*
Der Jiva ist die Individualseele, die als göttlicher Kern in jedem Lebewesen vorhanden ist und dieses in seiner Evolution von Existenz zu Existenz trägt.

Karma-Gesetz
Nach hinduistischem und buddhistischem Glauben die Gesetzmäßigkeit von Ursache und Wirkung. Es besagt, dass jede Tat, auch die unbedeutendste, eine Wirkung auf den Täter hat, die sich in diesem oder einem künftigen Leben entfaltet (impliziert den Glauben an die Wiedergeburt), in dem Sinne, dass eine gute Tat Gutes und eine böse Tat Böses bringt. Es wird im Volksglauben oft als ein unverrückbares Gesetz betrachtet; es gibt im Hinduismus allerdings auch philosophische Richtungen (z.B. der integrale Yoga von Sri Aurobindo), die eine göttliche Gnade kennen, die in das Karma-Gesetz eingreifen kann.
Karma an sich bedeutet Tat, Werk; das Handeln oder Werk eines Menschen; die Kraft, die durch ihr Wirken die Evolution und die wiederholte Rückkehr der Seele in die Existenz bestimmt.
Karma bezeichnet einerseits die Summe der vergangenen Taten aus diesem und den früheren Leben, andrerseits jede Tat, die wir begehen und durch welche wir neues Karma schaffen. Beide bestimmen unsere Zukunft.

Karma Yoga *(Sanskrit) = Yoga des Handelns*
• *Karma: Tat, Werk; das Handeln oder Werk eines Menschen; die Kraft, die durch ihr Wirken die Evolution und die wiederholte Rückkehr der Seele in die Existenz bestimmt.*
• *Yoga: Verbindung, Vereinigung; die Vereinigung der Seele mit dem göttlichen Sein, dem göttlichen Bewusstsein, der göttlichen Glückseligkeit; eine Methode zur Vervollkommnung des menschlichen Individuums; im Hinduismus Oberbegriff für spirituelle Wege.*
• *Karma Yoga: der Yoga des Handelns; spiritueller Weg, der zur Gottesverwirklichung führt durch das Handeln ohne Anhaftung. Im Gegensatz zum bei uns allgemein bekannten „Yoga", der sich auf die* KÖRPER*haltungen bezieht, arbeitet der Karma Yoga mit den* INNEREN *Haltungen.*

Lila *(Sanskrit) = Spiel, Belustigung*
Lila bezeichnet das Spiel des Göttlichen, bei welchem das Göttliche die Schöpfung auch als Spiel zwischen ihm und den Menschen ansieht. In den nicht dualistischen Richtungen des → Hinduismus beschreibt Lila die gesamte Realität, also die ganze Schöpfung → vergleiche Maya.

Mantra *(Sanskrit) = Instrument des Denkens, Rede*
Bekannte Mantras sind beispielsweise das OM *(der Urklang) und das buddhistische* OM MANI PADME HUM *(Ausdruck des liebenden Mitgefühls). Auch im Sufismus kennt man diese Praktik (Dhikr) mit dem Mantra* LA ILAHA ILL'ALLAH *(Es gibt keinen Gott außer Gott) oder mit der Rezitation der 99 Namen Gottes. Im Christentum werden beispielsweise das Herunterleiern des Rosenkranzes und das Herz-Jesu-Gebet (*HERR JESUS CHRISTUS ERBARME DICH MEINER*) als Mantra praktiziert.*

Maya *(Sanskrit) = Illusion, Zauberei*
Im Hinduismus ist es die Illusion, die uns vorgaukelt, es gebe das →
Göttliche UND *die Schöpfung – in Wahrheit gibt es nur das Eine, das*
Brahman. Maya wird zuweilen auch als Göttin personifiziert.

Mentales Ego
Es ist die höchste Ebene unseres Ego. Seine Funktion besteht im ratio-
nalen Denken und der Logik, es befasst sich mit Glaubensrichtungen,
Idealen, Wertvorstellungen, Entscheidungsfindung, strebt nach Wissen,
Wahrheit, Harmonie und bemüht sich um ein tugendhaftes Leben.

Nirwana (auch: Nirvana) *(Sanskrit) = wörtlich: Verwehen*
Austritt aus dem Kreislauf der Wiedergeburten und des Leidens durch
„Erwachen" oder „Erlöschen". Es wird oft als ein Zustand der Leere
oder der absoluten Glückseligkeit beschrieben. Der Weg dahin beruht
auf dem Loslassen aller Anhaftungen.

Prakriti *(Sanskrit)*
Die Natur, Naturkraft, Naturseele: die wirkende Kraft im Universum.

Purusha *(Sanskrit) = Bewusstes Wesen*
Das essentielle Wesen, welches das Spiel (→ Lila) der → Prakriti stützt
und aufrechterhält, es beobachtet und sich daran erfreut.

Rajas *(Sanskrit)*
Eines der drei → Gunas: Prinzip der Tatkraft und Leidenschaft; tragen-
des Prinzip der anderen beiden

Sattwa *(Sanskrit)*
Eines der drei → Gunas: Prinzip der Weisheit und Tugend; höchstes der
drei Gunas, aber immer noch begrenzte Sichtweise, nicht begründet in
der All-Weisheit

Seele
In Philosophie, Religion und Esoterik, aber auch im alltäglichen Sprach-
gebrauch, ist mit Seele nicht immer das Gleiche gemeint. Ich verstehe
darunter den nicht materiellen, unsterblichen Teil von uns, der sich
durch die Erfahrungen und Erkenntnisse „entwickelt", an Bewusstheit
gewinnt und zum → Göttlichen hin strebt. Die Seele (Sanskrit: → Jiva)
ist zwar eins mit dem Göttlichen in ihrem Wesen, hat aber nicht seine
Macht. Durch ihre Anziehung an das Irdische, muss sie durch die Erfah-
rungen im Leben und die verschiedenen Wiedergeburten „wachsen", bis
sie die vollkommene Bewusstheit wiedererlangt.
Die Seele ist das Element in uns, aus dem die → Innere Stimme kommt,
die uns zum Guten antreibt. Die Seele ist somit keinesfalls mit Geist,
Verstand, Gefühl oder dem Unbewussten gleichzusetzen, die zum sterb-
lichen Ich (→ Ego) gehören, ebenso wenig mit dem → höheren Selbst.

Tamas *(Sanskrit)*
Eines der drei → Gunas: Prinzip der Unwissenheit und Trägheit.

Vitales Ego
Es ist die Ego-Ebene der Emotionen, Leidenschaften, Wünsche, auch der
Antriebskraft. Das Vitale strebt nach Besitz, Lust und Vergnügen, ferner
nach Spannung, Abwechslung; somit sucht es das „Drama des Lebens"
mit seinen Hochs und Tiefs und meidet Gleichmut und Gelassenheit.

ÜBERSICHT ÜBER DIE SONNWANDELN-BUCHREIHE

Band II: Alltägliches Handeln im spirituellen Geist

Paperback, 256 Seiten, ISBN 978-3-907091-07-4

Kap. 1: Viele Ängste, eine Angst. Ausweg Urvertrauen.

• *Die Illusion, unser Leben im Griff zu haben* • *Angst vor der Zukunft, dem Unbekannten und vor Veränderungen* • *Wie gewinnen wir das kindliche Urvertrauen zurück?* • *Angst vor dem Leiden* • *Ursachen verschiedener Ängste* • *Unterscheidung zwischen Angst und Vorsicht* • *Wie werden wir eine konkrete Angst los?* • *Angst ist ansteckend* • *Zieht Angst das Gefürchtete an?*

Kap. 2: Die Macht der Gewohnheit

• *Woher kommen Gewohnheiten und Muster?* • *Programmierung und Auslöschen von Verhaltensmustern* • *Erkennen verborgener Muster* • *Wie lange dauert es, ein Muster abzulegen?* • *Nur die absolute Bestimmtheit ist stark genug* • *Gute Eigenschaften eingravieren* • *Wie entkomme ich der Frustration bei Misserfolg?* • *Freude am Lernen und an der Veränderung*

Kap. 3: Sieben Sünden, sieben Tugenden

• *Die Sünde: Trennung von unserem höheren Selbst* • *Sünde im Sinn des Karma-Gesetzes* • *Wiederkehrende Erfahrungen auf dem Lebensweg* • *Sieben wertvolle Tugenden: Demut, Freigebigkeit, Mitfreude, Milde, Sinneslust, Gelassenheit, Zuversicht* • *Askese als Weg?* • *Geizig ist auch, wer seine Gefühle nicht mitteilt* • *Trägheit und Traurigkeit: Verweigerung der Lebensfreude* • *Rückschritt in der spirituellen Entwicklung?*

Kap. 4: Du sollst nicht lügen!

• *Warum lügen wir überhaupt?* • *Die Grenze zwischen Wahrheit und Lüge* • *Das Ja ein Ja, das Nein ein Nein und die Schwüre* • *Geschickte Formulierungen, Andeutungen, Ironie* • *Gibt es berechtigte Lügen?* • *Ehrlichkeit gegenüber sich selbst: unerlässlich auf dem spirituellen Weg* • *Banale Lügen und harmlose Schwindeleien* • *Zum Lügen genötigt?* • *Aufrichtigkeit im Dienste der Mitmenschen*

Kap. 5: Ethik und Moral – Normen, Regeln, Konventionen

• *Der Wert von Geboten und Verboten* • *Die Spiritualität steht über der Moral* • *Kavaliersdelikte* • *Mehr Schein als Sein* • *Den inneren Verhaltenskodex prüfen* • *Kinder brauchen klare Grenzen* • *Wir erlassen ständig Verbote und Gebote* • *Machen, was wir wollen, solange wir niemandem schaden?* • *Über andere richten*

Kap. 6: Versuchung, Achtsamkeit und Selbstkontrolle

• *Die Versuchung als Chance* • *Achtsamkeit und Selbstdisziplin auf dem buddhistischen Achtfachen Pfad* • *Wiederkehrende Lektionen in der Lebensschule* • *Das Göttliche fordert von keiner Seele mehr, als sie zu tragen vermag* • *Die Grenze zwischen Selbstkontrolle und übermäßiger Härte* • *Wie schaffe ich es, der Versuchung Nein zu sagen?* • *Achtsamkeit widerspricht nicht der Spontaneität* • *Achtsamkeits-Übungen* • *Andere nicht in Versuchung führen*

Band III: Über allem die Liebe
Paperback, 236 Seiten, ISBN 978-3-907091-13-5

Kap. 1: Liebe deinen Nächsten wie dich selbst

• *Sich selbst lieben ist ebenso wichtig wie die Nächstenliebe* • *Liebe braucht keinen Grund* • *Warum wir uns selbst nicht lieben* • *Falsches und echtes Selbstwertgefühl* • *Achtung und Wohlwollen für das Unbelebte* • *Unvollkommene und reine Liebe* • *Abgrenzung zwischen gesunder Selbstliebe und Egoismus* • *Geborgenheit in sich selbst* • *Angst, den geliebten Menschen zu verlieren* • *Unnachgiebigkeit uns selbst und anderen gegenüber*

Kap. 2: Nächstenliebe – doch das oberste Gebot?

• *Wahre Nächstenliebe erwartet keinen Dank und keine Gegenleistung* • *Respekt und Gleichbehandlung* • *Sich selbst ernst, aber nicht wichtig nehmen* • *Selbstliebe und Nächstenliebe – wo ist die Grenze?* • *Liebe deine Feinde: eine Illusion?* • *Die Grenze zum Egoismus* • *Nächstenliebe aus Gewohnheit und Konvention?* • *Nächstenliebe lässt sich lernen*

Kap. 3: Muss ich Vater und Mutter unbedingt ehren?

• *Karmische Verstrickungen, Einzelkarma und Familienkarma* • *Generationenmuster durchbrechen* • *Die Familie sucht man sich nicht aus* • *Adoptivkinder und andere Kinder, die ihre leiblichen Eltern nicht kennen* • *Den Kontakt zu den Eltern abbrechen?* • *Liebe für die Eltern und Anhaftung* • *Auch „böse" Eltern ehren und lieben?* • *Fehlende Gefühle für die Eltern entwickeln*

Kap. 4: Liebe ist kein Deal.

• *Warum Liebesbeziehungen zum Deal entarten und so nicht funktionieren können* • *Der Liebesvertrag und das Kleingedruckte* • *Die unterschiedlichen Beziehungen innerhalb von Familie und Freundeskreis* • *Wie unser Ego mit seinen Ängsten und Wünschen reine Liebe verhindert* • *Eine Beziehung aufrechterhalten um jeden Preis?* • *Was braucht es zu einer „guten" Beziehung?*

Kap. 5: Scheiden tut weh! Trennung und Tod.

• *Der Tod: immer ein unerwarteter Besucher* • *Jede Trennung ist ein Neuanfang* • *Der Schmerz, verlassen zu werden* • *Trennung oder Tod als Befreiung?* • *Wie sinnvoll ist Trauer?* • *Ein noch nicht überwundener Todesfall* • *Der Tod meines Kindes* • *Wann soll man eine Beziehung beenden?* • *Scheidung obwohl man sich noch liebt?* • *Die Angst vor der Trennung* • *Einen Schlussstrich ziehen*

Kap. 6: Einsamkeit und Alleinsein

• *Die Illusion, das Leben mit jemandem zu teilen* • *Äußeres Alleinsein oder innere Einsamkeit* • *Getröstet zu werden ist oft hinderlich* • *Das kosmische Schauspiel und der Lebensfilm* • *Gibt es Menschen, die eine wichtige Rolle in unserem Leben spielen?* • *Warum wir keinen Partner finden* • *Nicht allein sein können*

Band IV: Unsere innere Welt

Band V: Das spirituelle Leben
(erscheint voraussichtlich 2018)

Kap. 1: Absolute Hingabe oder Freizeitspiritualität?

• *Wir können nicht zwei Herren dienen: Solange wir noch weltliche Ziele verfolgen, erlangen wir das Göttliche nicht* • *Voraussetzungen für die vollständige Hingabe* • *Die Entscheidung für den spirituellen Weg bedingt keinen Rückzug aus der Welt* • *Einem Lehrer folgen oder alles aus eigener Kraft schaffen?*

Kap. 2: Was gehört zu mir und was ist fremd?

• *Die feinstofflichen Elemente Gedanken und Emotionen* • *Andere Ebenen des Seins jenseits der materiellen Dimension* • *Das Wahrnehmen fremder Energien* • *Besessenheit* • *Übertragung von Energien auf Mitmenschen* • *Unterscheiden zwischen Eigenem und Fremdem* • *Jeden Kontakt mit „schlechten" Menschen meiden?* • *Die Schwingungen von Musik, Texten, Bildern und ihre Wirkungen auf uns* • *Negative Schwingungen an bestimmten Orten*

Kap. 3: Heilige Schriften: nur für Schriftgelehrte?

• *Erläuterung einzelner Passagen aus Veden, Upanishaden, Bhagavadgita, Neuem Testament* • *Einem Glaubenssystem blind vertrauen und folgen?* • *Die Wahrheit ist in uns und im Leben selbst* • *Verständnis und Interpretation* • *Diverse Zitate von Laotse, dem Buddha, aus dem Sufismus, der Kabbala*

Kap. 4: Inneres und äußeres Leben

• *Der Rückzug in die Welt der Seele* • *Das Außen verwandeln* • *Mit den inneren Augen schauen* • *Übungen, um die innere Welt zu erfahren* • *Das Leben in der inneren Welt und die Konsequenzen auf unser äußeres Verhalten* • *Hindernisse im inneren Leben* • *Sich eine Weile vollständig aus der Welt zurückziehen?* • *Verzicht* • *Gebet und Meditation*

Kap. 5: Und wo bleibt die Erleuchtung?

• *Beschreibungen und Berichte über die Gottesverwirklichung aus verschiedenen Religionen und Zeitepochen* • *Zitate aus der Bhagavadgita zur Erleuchtung* • *Wie und wann erlangen wir die Gottesverwirklichung?* • *Brauchen wir dazu einen Guru oder Meister?*

Karin Jundt
Ich liebe mich selbst und mache mich glücklich
Taschenbuch, 136 Seiten, ISBN 978-3-907091-04-3

Karin Jundt sagt von sich, sie habe erst im Alter von 40 Jahren festgestellt, dass ihr das Selbstwertgefühl und die Selbstliebe fast vollständig fehlten. Sie macht diesen Mangel verantwortlich für viele ihrer früheren Probleme mit den Mitmenschen und für eine periodisch auftretende, nicht näher definierbare Unzufriedenheit. Nach dieser Einsicht begann sie, am Aufbau ihrer Selbstliebe zu arbeiten, und erkannte mehr und mehr, wie unerlässlich sie für ein erfülltes, glückliches Leben ist.

Selbst darin gefestigt, entwickelte sie auf der Basis ihrer eigenen Erfahrungen eine Methode zum Aufbau und zur Stärkung der Selbstliebe, die sie viele Jahre lang in Seminaren und Kursen lehrte.

Mit diesem Buch gibt sie ihre Methode nun ebenfalls weiter. Es handelt sich um einen Leitfaden, der wie ein Kurs mit Aufgaben und Übungen aufgebaut ist. In den ersten Kapiteln werden die Grundlagen des Selbstwertgefühls und der Selbstliebe dargelegt. Der Hauptteil befasst sich mit der Selbstanalyse und der Betrachtung der Verhaltensmuster, die auf ein niedriges Selbstwertgefühl und eine schwache Selbstliebe hinweisen, und zeigt dann den Weg auf, um neue Verhaltensweisen Schritt für Schritt einzuüben und alte hinderliche Muster abzulegen.

Karin Jundt
Ich liebe mich selbst 2
Taschenbuch, 156 Seiten, ISBN 978-3-907091-06-7

Bei diesem Buch, von der Autorin als Fortsetzung und Ergänzung ihres ersten Wegweisers zu diesem Thema konzipiert, handelt es sich um eine konkrete Anleitung zum Aufbau und zur Stärkung des Selbstwertgefühls und der Selbstliebe. In jedem der 26 kurzen Kapitel befasst sie sich mit einer Verhaltensweise, die auf eine schwache Selbstliebe hindeutet, und schlägt eine auf den gewöhnlichen Alltag ausgerichtete Übung vor, um diese Verhaltensweise zu verändern. Es geht dabei um unsere Abhängigkeit von anderen Menschen, um Verlustangst, Selbstbestimmung, aber auch um Perfektionismus, Überheblichkeit, mangelnde Spontaneität und nicht zuletzt um die Ängste.

Die von ihr vermittelten Erkenntnisse und Einsichten sind aus dem Leben gegriffen, ihre Übungsvorschläge und Tipps für alle praktikabel. Der Alltag ist die Schule der Selbstliebe.

Website der Autorin: www.selbstliebe.ch

Karin Jundt
Karma Yoga – Auf dem sonnigen Weg durch das Leben
Taschenbuch, 140 Seiten, ISBN 978-3-907091-03-6

Der Karma Yoga, eine jahrtausendealte Lehre aus Indien, ist im Westen kaum bekannt. Obwohl es sich im Ursprung um einen spirituellen Weg handelt, kann man ihn, unabhängig von der eigenen religiösen und philosophischen Ausrichtung, zur wohltuenden Veränderung der inneren Haltungen praktizieren. Seine Erkenntnisse lassen sich leicht in das normale Leben einbauen und machen den Alltag selbst zum Übungsplatz, ohne dass man sich gesondert Zeit nehmen muss für spezielle Praktiken, wie Meditation oder Körperübungen. Den Grundsätzen des Karma Yoga zu folgen, führt zu einem Dasein mit weniger Ängsten und Sorgen und mehr Zuversicht und Mut.

Das ist auch das Anliegen der Autorin: einen einfachen, verständlichen Leitfaden anzubieten, mit konkreten, alltagsbezogenen Anregungen, um das Leben im Hier und Jetzt zu erleichtern und zufriedener zu gestalten. In ihrem Buch beleuchtet sie vor allem die Themen Selbstwertgefühl/Selbstliebe, Urvertrauen und Gleichmut – und natürlich das Handeln, das zentrale Element des Karma Yoga.

Website der Autorin: www.karma-yoga.ch

Karin Jundt
Jonathan von der Insel
Taschenbuch, 160 Seiten, ISBN 978-3-907091-09-8

Der Fischer Jonathan macht einen außergewöhnlichen Fang: einen bunten, sprechenden Fisch, der Wünsche erfüllt – allerdings anders, als man es erwartet. Beim jungen Mann löst er den Prozess der bewussten inneren Entwicklung aus. Auch Jonathans Freundin Serena begegnet dem Fisch, und er weist ihr den Weg aus einer schwierigen, leidvollen Zeit. Beim Dorftrottel Beppi scheint der Fisch gar Wunder zu wirken. Die Geschichte spielt auf einer kleinen Insel im südlichen Mittelmeer; es ist die Kulisse des gewöhnlichen Alltags, wo Menschen Leidenschaft und selbstlose Liebe erfahren und die Last schweren Schicksals tragen.

Karin Jundt
Der Wanderer im dunklen Gewand
Taschenbuch, 164 Seiten, ISBN 978-3-907091-10-4

Er erwacht eines Nachts unter dem Sternenhimmel, weiß nicht, wer er ist, woher er kommt, wohin er gehen soll – und macht sich auf den Weg. Später erhält er einen Namen und damit eine scheinbare Identität. Die Frage nach seinem Ursprung, seiner Heimat, dem wahren Sein, dem Sinn verstummt indes nie. In dieses Leben hineingestellt, sucht der Wanderer seinen Weg über lichte Hügel und durch dunkle Täler, lässt sich leiten vom Fluss, lernt durch seine Erfahrungen und Erkenntnisse – und wundert sich über die immer zahlreicher werdenden goldenen Flecken an seinen dunklen Kleidern. In Francesca findet er dann auch die große Liebe, die ihn fortan auf seiner Reise begleitet. Doch sein Ziel kann er am Ende nur allein erreichen…

Manfred Kyber
Der Königsgaukler
Hardcover, 72 Seiten, ISBN 978-3-907091-08-1

Ein zeitloses spirituelles Märchen über den Lebensweg eines jeden Menschen zu seinem höheren Selbst, ein Märchen, das Mut macht, Hoffnung schenkt und Trost spendet.
Diese neue Ausgabe entspricht dem Originaltext der Erstpublikation aus dem Jahr 1921, berücksichtigt jedoch die neue deutsche Rechtschreibung und Zeichensetzung. Das Büchlein ist liebevoll und edel gestaltet, um diesem Juwel der spirituellen Literatur gerecht zu werden, und eignet sich auch hervorragend als Geschenk.